中华先烈人物故事汇

八女投江

军事科学院解放军党史军史研究中心

学习出版社

目 录

Contents

引 子 / 001

01 国恨与家仇 / 006

大屠杀中幸存的女人 / 006

加入妇女团 / 014

为使命而献身 / 020

“私奔”去“抗联” / 027

02 密营中的战斗岁月 / 036

神奇的感召力 / 036

回密营赶制棉衣 / 042

伏击战中显身手 / 052

冷云的夫死子别 / 058

援建密营医院 / 069
惠民与父亲的生离死别 / 074
智勇察敌情 / 081

03 三千里路云和月 / 092

西征遇强敌 / 092
冲河再分兵 / 099
惨痛的突围 / 106
艰难的前行 / 114

04 血染乌斯浑河 / 120

最后一程路 / 120
生命的永恒 / 127

05 尾　声 / 139

后　记 / 144

引子

1931年，日本关东军发动九一八事变，不到半年便侵占了我国东北全境。面对日军的疯狂侵略，在中国共产党的领导下，由原部分东北军、中共抗日游击队、农民暴动武装、义勇军等组成的东北抗日联军，同日本侵略者展开了艰苦卓绝的斗争。日军为了隔断人民群众与东北抗日联军的联系，断绝抗联的后勤补给，将许多村庄烧毁，强迫农民“归屯并户”，或赶往“集团部落”住居。

1936年3月的一天，日军在黑龙江省林口县刁翎镇四合屯，以“通匪”为借口，制造了一场惨绝人寰的大屠杀，全村几百人遇害，只有十几人幸存。其中5个无依无靠的女子黄桂清、郭桂琴、杨贵珍、胡秀芝和王惠民，满怀悲愤毅然参加了东北抗日联军。她们来到第2路军第5军密营，同后来加入的妇女团指导员冷云、第4军被服厂厂长安顺福、缝纫能手李凤善等抗联女战士，在密营里一起战斗生活，为抗击日本侵略者奉献着热血和青春。

密营是东北抗联重要的后勤保障基地，妇女团是活跃在密营中的重要力量。在指导员冷云的带领下，女战士们在深山密林多处建造医院、被服厂、宿营地，救治伤员，加工军衣；她们机智地侦察情报、勇敢地参加战斗，以自身的优势作抗日宣传。在残酷的战斗和恶劣的自然环境中，与男战士一样顽强、无畏，有时候甚至比男战士付出的更多，承受的困苦更大。

1938年6月，东北抗日联军为突破敌人的封锁，开辟新的游击区，以达到“贯通南满热河方面军游击的联系，牵制扰害敌人后方”的目的，决定派第二路军主力部队向西南方向的五常、舒兰进行远征（史称西征）。7月1日，由第5军军长柴世荣带领的第4军一部和第5军一部共680余人开始西征，冷云带领妇女团30多人奉命一同前往。敌人窥破到抗联的行踪和战略意图后，派出重兵围追堵截，西征军被迫分开行动。柴军长带着教导团返回游击区，其余部队由第5军政治部主任兼第2师师长宋一夫和第1师师长关书范率领继续西征。部队进入大青川原始森林后，宋一夫带着几个人和钱款投敌叛变，第4军和第5军不得不再次分开活动，第4军部队沿东南方向行动，第5军200多人由关书范师长带领继续西征，妇女团20多人随第5军行动。

敌人每天出动飞机在空中搜寻目标，见到人影就俯冲轰炸。地面上，敌人派出部队到处围堵。9月初，第5军西征部队艰难突围后仅剩100多人，妇女团只有8个姐妹。继续西征更加艰难，于是，决定返回第5军军部。

1938年10月19日晚，关师长带着仅有的100多人赶到乌斯浑河附近的柞木岗山下，部队行踪暴露，日伪军出动2000多人将柞木岗团团包围。

20日拂晓，关师长派师参谋金世峰带着8个女战士先渡河，当抵达乌斯浑河边时，正遇河水暴涨，渡口被淹没。金参谋决定先过河探路，返回后再带女兵。不一会儿，柞木岗方向传来激烈的枪炮声，女战士们意识到大部队已与敌人交上火了，于是决定打过去掩护大部队突围。8个女兵分成3组分开射击，很快吸引了敌人的一部分火力，使正在组织突围的关师长那边的压力减轻了许多，并趁机靠近了密林。这时，关师长发现女兵还没过河，正在掩护他们突围，便命令部队杀回去，要把妇女团的战士们救回来。

冷云看到本来已经快进入密林的大部队又返回来了，知道是师长要来救她们。于是，她们一边加强火力，一边组织大家高喊："同志们！冲出去！保住手中的枪，抗日到底！……"关师长明白女战士掩护他们撤离的意图，看到抢救她们的时机已丧失，为了避免更大的牺牲，只好命令部队撤回森林。

这时，日军发现在背后攻打他们的竟然是抗联的8个女兵，于是，指挥日伪军把火力转向女战士。随后，敌人又下令停止射击，企图活捉她们。这时，女兵们携带的子弹都已打光了，冷云命令已精疲力竭的战士们向河边撤离。

她们相互搀扶着向河里走去。冷云鼓励道："姐妹们，渡过河去，抗日到底！我们宁死也不做俘虏！"她们唱着国际歌，一起走入波涛滚滚的乌斯浑河中……

让我们永远记住她们的英名：指导员冷云，被服厂厂长安顺福，班长胡秀芝、杨贵珍，战士郭桂琴、黄桂清、王惠民、李凤善。

01 国恨与家仇

大屠杀中幸存的女人

1936年3月的一天深夜，黄桂清逃出了她那说不尽屈辱的刁翎妓院。她只有一个念头：快跑，快跑，千万不能让老鸨抓住！

天放亮了，她再也跑不动，就在这僻静的山道边，靠着一棵大树坐了下来，还没来得及喘口气，一抬头，“啊”的一声，前面走来两个日军。

躲已经来不及了，两个日本兵已经发现了她。生的欲望和与不幸抗争的勇气给了她无穷的力量，她转身就往树林里跑。

两个日本兵一见女人，立刻精神大振，嗷嗷叫着边追边喊：“花姑娘，花姑娘，金票的有！”

跑了一会儿她就气力不支，被两个日本兵追上了。不容分说，他们上去就抓黄桂清的衣服。

黄桂清十分气愤，也不知哪儿来的劲儿，一甩手，狠狠将一个日本兵摔了个跟头。日本兵爬起来，呀呀大叫:“八格牙路！”丑恶的嘴脸变得更加狰狞可怕……

好不容易冒着生命危险逃出妓院，却又落入虎口，惨遭日本兵的侮辱。身心俱痛，使她痛不欲生。她再也控制不住自己的感情，放声痛哭，哭自己的命运，哭再也没有活下去的勇气和信念。

她来到牡丹江边，望着那滔滔的江水，正想跳下去了却这悲惨的人生。忽然一阵风吹来，把她那混乱的思绪吹醒了。“我怎能就这样不明不白地死去？这牡丹江水怎能洗净我身上的污秽？日本鬼子弄得我家破人亡，我还没有报仇呢！如果这样轻生，简直是太愚蠢了。我还没见到姨呢，她是我唯一的亲人。我要活下去！”

黄桂清一口气跑到四合屯见到了姨，二人抱头痛哭起来。哭够了，姨正想问她这几年在外的情况，突然，外面传来一阵疯狂的汽车喇叭声。几辆满载全副武装日本兵的卡车飞快地开进了四合屯。

汽车在村西头停下来，一部分荷枪实弹的日本兵迅速将村子四面包围，另一部分日本兵从村东头挨家挨户地把人往西头驱赶。有的老百姓正在家里吃饭，被这突如其来的情形弄蒙了，大惊失色地互相询问："是不是又要我们并屯了？"

九一八事变后，日本帝国主义开始大举入侵中国，不到半年时间就强占了我国的东北三省。面对日寇的侵略，在中国共产党的领导下，由部分原东北军、中共抗日游击队、农民暴动武装、义勇军等组成的东北抗日联军，同日本侵略者展开了艰苦卓绝的斗争。为了隔断人民群众与东北抗联的联系，从1934年开始，日伪军在抗日游击区实行"归屯并户""坚壁清野"，将许多村庄烧毁，或把老百姓赶往"集团部落"（又称"人圈"）住居。被逼得走投无路的百姓，有的只好投奔亲戚。四合屯就有许多外村亲戚寄住在这里。

日军端着刺刀，逼着群众，嘴里喊着："快快，都到西边去，给你们照相。"

黄桂清和她姨说："我们不照相。"那个头戴钢盔的家伙杀气腾腾地说："快快，不去死了死了的！"

不多时，全村家家户户都被赶了出来。赶走了群众，日军就开始放火烧房子，不一会儿整个村子浓烟滚滚，火光冲天。

村西头靠山，山坡是个大砬子，两面有日军把守，山下放着两个用红布盖着的带腿的东西。人们真以为是照相机，但谁也没想到这是一场惨绝人寰的疯狂大屠杀。

一个日军军官站出来说："你们村'通匪'的有，头领'王皮袄'的又回村了，谁要是把他交出来，给金票大大的有。"

汉奸翻译接过话："乡亲们，皇军得到情报，抗联头目'王皮袄'回到村里了，谁知道他在什么地方就说出来，我保证大家没事，还发金票。如果不说，你们就是'堡垒村'（隐藏和保护抗日联军的村庄），这对大家又有什么好处呢？"

敌人说的那个"王皮袄"就是东北抗日联军第5军第1师的军需王副官，因为他身子骨一直怕风寒，不管多暖和的天气，总是要穿着他那件灰白色的皮袄，所以，人们就给他起了这个“王皮袄”的外号。“王皮袄”枪法很准，杀敌勇敢，令敌人闻之丧胆。

敌人开始挨个审问，大家都说不知道。特务认出了“王皮袄”的媳妇，便恶狠狠地把她推出人群。敌人先是以收买许诺，问“王皮袄”在什么地方？她昂首站立在敌人面前说:“不知道！”敌人又举刀威逼，她怒视着敌人，痛斥日本侵略者烧杀抢掠、无恶不作的滔天罪行，怒骂汉奸:“你叛国投敌、出卖祖宗，中国人是不会饶过你们的。”

凶残的日军气急败坏地将刺刀刺向了她的胸膛。

愤怒的群众高声呼喊着涌向敌人。只见日本鬼子揭下红布盖子，两挺机枪同时向人群“突突突”地扫射起来。许多群众倒在了血泊中。强烈的求生欲望驱使人们不顾一切地叫喊着往外冲，但最终也没逃过残暴敌人的罪恶子弹。

敌人的机枪来回疯狂扫射，不一会儿，几百名群众倒在血泊中。

这时，不远处传来激烈的枪声。敌人知道是抗联打过来了，这才停止屠杀，惊慌失措地蹬上汽车，扬长而去。

原来，是“王皮袄”的11岁女儿王惠民，在日军驱赶人群时，躲进地窖逃过了搜寻。她趁敌人不备偷偷地溜出村庄，跑进山里找到了抗联分队和父亲。“王皮袄”带着抗联战士急忙赶来解救乡亲。当他们赶到时，见到的是尸横遍野的惨状。抗联战士们个个心头热血奔涌，眼里没有泪水，只有怒火：

“乡亲们，对不起，我们来晚了！”他们不顾一切地冲到死人堆里，挨个扒拉尸体，希望寻找到存活的群众。

突然，黄桂清从死人堆里翻起身来，一把抱住一个抗联战士的腿，惊恐地大哭起来。原来，日军开始疯狂大屠杀时，黄桂清她姨的胳膊先中了一弹，她姨说：“桂清，咱娘俩不能死在一块呀，你赶紧逃命吧。”接着，又一颗子弹击中了她的头部，姨的头一栽，整个身子压在了黄桂清的身上，让她动弹不得，这才保住了一条命。

抗联战士从死人堆里一共救出了十几位幸存

者。四合屯的房子全都被敌人烧光，家没有了，亲人也没有了，存活下来的人，个个精神恍惚，不知所措。在抗联战士的帮助下，有亲戚的就投亲靠友去了，最后，只剩下4个无依无靠的女子：杨贵珍、胡秀芝、黄桂清、郭桂琴。

日本鬼子的机枪没能夺去她们的生命，她们要活下去！但怎么活下去呢？她们都是家破人亡，到哪里去安身呢？

杨贵珍说："咱们今天是捡了条命，不报小鬼子这个仇，咱这辈子也咽不下这口气，我看，咱们干脆一块儿参加抗联吧。"

杨贵珍家住莲花村，她早就结识了抗联第5军妇女团的王玉环队长等女兵，她很羡慕她们，丈夫死后，便想跟她们一起参加抗联。王队长见杨贵珍长得俊俏可爱，也想把她带走，但她婆家不让，想把她卖钱给小叔子结婚。王队长最后说："咱们要团结一切抗日力量，现在要是硬把你带走就会得罪你婆婆家，那样，群众就再不敢相信我们了，等你慢慢做通了你婆婆的工作，我们再来接你。"

那次杨贵珍就没能实现参加抗联的愿望，今天她到四合屯来串门，却惨遭横祸，她不想回家了，她要报仇。

胡秀芝听后，咬牙切齿地说：“对，小鬼子欠咱的血债太多了，这个仇非报不可！”她家住马蹄沟口，全村几户人家，日寇实行“归屯并户”时，将全村烧毁，她是前几天投亲来四合屯的。旧仇未报，又添新仇。

郭桂琴因从小母亲病故，被寄养在四合屯外祖父雷春喜家，外祖父和外祖母也都在这次大屠杀中遇害。她说：“只有参加抗联，才能报上这笔血仇，要是咱们单枪匹马耍单蹦，这个仇恨啥时也报不上。”

黄桂清更是无家可归，举目无亲，她说：“反正我也没有家了，到哪都是家，打日本，报仇雪恨，死了也值得！”

这4个从死人堆里爬出来、侥幸活下来的女人，第一次作出了她们人生的重大抉择……

王惠民的母亲和妹妹，也在这次大屠杀中惨遭杀害，她和父亲怀着悲痛一起埋葬了母亲、妹妹和乡亲们后，就跟着父亲“王皮袄”和4个幸存下来的姐姐来到抗联第5军。

加入妇女团

日军屠村后的当天傍晚，王副官带着4个苦命的女人和女儿准备离开四合屯。他说："你们几个都是刁翎本地人，过去有认识的，有不认识的，今天为了抗日报仇走到一起来了，今后应该互相关心，比亲姊妹还要亲！"

黄桂清说："对，今后咱们就要生活在一起、战斗在一起、生死在一起。"

她们互相拥抱着、哭泣着。王副官说："行了，别哭了，咱们抓紧上山。"

他们在原始森林里深一脚浅一脚地走着，一不小心，就绊个跟头。胡秀芝小声地问："王副官，这林子里有没有路啊？"

"这大森林中哪来的路啊？咱们闯过去就踩出路了。"

郭桂琴累得直冒汗，气喘吁吁地问道：“王副官，我们到哪儿去呀？”

“走吧，大森林里有我们的家。”王副官安慰道。

爬过一个个陡立的山崖，穿过一片片茂密的森林，她们咬紧牙关跟着王副官，没有一个掉队的。她们知道，在这原始森林中掉队只有等死。天亮了，阴森森的树林中露出了斑驳的阳光，王副官指了指那一排排木刻楞的小房说：“到家了，这就是咱们抗联的密营。”

她们一听说到家了，舒了一口粗气，一屁股坐在地上。王副官知道她们实在太累了，便独自进了密营。这时，正好碰到第5军第1师师长关书范。

“关师长，我给你带来几个新兵。”

“是吗？在哪儿？”

王副官顺手一指：“在那儿。”

关师长向那边一瞅，皱起眉头：“怎么搞的？咱这儿不是难民营，也不是娘子军！”

王副官平静地说：“她们的亲人都被鬼子杀害了，她们主动要求参加抗联。我看她们有志气，可以训练。”

关师长摇摇头：“简直是开玩笑！”

密营里缺少兵力，几次派王副官出去招兵都没招到，上级也没有派兵来，现在既然她们来了，也不好赶她们走，关师长还是想过去看看。他来到这几个破衣烂衫的女人面前，严肃地说：“我们这里可是抗联部队啊，部队是要打仗的，打仗就要流血甚至牺牲，咱们有言在先，你们要是不怕死，就可以留下来！”

“我们是从死人堆里爬出来的，亲人们都死了，只要是打日本鬼子就不怕死！我们还要为他们报仇呢！”黄桂清抢先表示。

所谓密营，就是地窨子，它是用圆木堆起来的木刻楞房，房顶上搭上木头，然后再盖上厚厚一层土，种上草和树加以伪装。它的大半部分埋在地里，只有一小部分露在外面，山泉的泉眼就在屋里，泉水从屋里源源不断地流向大河小溪。如果生人来到这里，就是站在屋顶上，也看不出脚下就是房子。这真是神秘的地方，难怪叫密营。

王副官带着她们收拾房间，用木板搭地炕。

这时，小惠民拉住王副官的手:“爹，我就跟你一起睡。”

王副官拍拍她的脑袋:“你现在是兵了，不能撒娇，往后就跟姐姐们在一起。”

不一会儿，王副官拿来了几套军装:“你们都换上，别像个要饭的。”

她们一看这崭新的军装，个个乐得眉开眼笑。虽不是很合体，但一穿在身上就精神多了。

密营自从来了女兵，这寂静的营地变得热闹起来，到处活跃着女兵们忙碌快乐的身影。她们除了缝衣、做饭、站哨、作宣传，还照顾伤病员。女兵们聪明能干，吃得苦，经过一段时间的训练和锻炼，她们组成了女兵队。不久，又有新入伍的女兵加入进来。

随着抗日游击区的建立，日伪军更加加紧了对东北抗联部队的封锁和“讨伐”。为了储备物资，救治伤员，供部队战士临时栖息，密营的作用变得越来越重要。密营里原来只有 1 个后勤支队，支队长带领几十个战士怎么也忙不过来。为加强后方营地的力量，第 5 军领导决定把军部妇女团的战士派到密营做后勤援助。

1937年深秋的一天，一支浩浩荡荡的女子队伍开进了密营，这让胡秀芝、杨贵珍她们格外兴奋，小惠民更是高兴得蹦来蹦去。带队的叫冷云，是妇女团的指导员，小惠民很喜欢她，一有空就缠着问这问那。

妇女团的到来，使密营的工作更加忙碌起来，因为有很多伤员要送到这里来救治。密营里的赵医生、文慧姐医术都很高，送来的伤员康复得很快，送走了一批治好的同志，又接来一批新的伤员。李凤善是朝鲜族人，长得漂亮，能歌善舞，还特别会做衣服，她教会了姐妹们很多做衣服的技巧。妇女团的战士们在冷云指导员的带领下，又做护理，又做服装，还要搞军事训练。空余时间，指导员就教大家学习文化。大家都干得十分起劲，每个人进步都很快，胡秀芝的军事素质好，枪法准，担任了班长。

为使命而献身

一天，前方送来一批重伤员，冷云立即组织医护队开始紧张的救治。听护送队的同志说，这次抗联营地遭到偷袭，是汉奸孙翰琪带着日本人干的。

“孙翰琪？”冷云听到这个名字，先是一惊，接着，心就像被钢针刺过般地疼痛起来。自从来到抗联部队，由于紧张而忙碌的工作本已将他忘记，可眼前这些受伤的年轻战士，还有那些牺牲了的同志都是他造成的。万般痛恨猛袭心头，她眼前一黑，踉跄了几下，险些跌倒。冷云连忙走出地窨，一阵寒风吹来，才使她稍有平静。她凝望着那茫茫的大森林，那个黝黑的男人，那个甘愿做亡国奴的伪满警察，还有她那段痛苦不堪的婚姻又浮现在了脑海……

冷云 16 岁时考入桦川县立女子师范学校。当时正值日军入侵我国的东北三省，全国各地纷纷举行游行示威，反抗日本帝国主义的侵略。冷云在学校一边学习，一边积极参加各种抗日活动。

学校里董仙桥老师是地下共产党员，他经常在教书授课中向同学们宣传爱国思想，鼓励有志青年积极投身抗日。冷云和几个进步同学也经常以请教课程为名，去董老师家听他讲国家大事，分析时局。也就是从那个时候起，冷云开始接受革命思想的熏陶，知道中国共产党领导的中国革命和抗日斗争，并积极投身到抗日斗争的宣传活动中。由于她工作积极、思想进步，1934 年夏，在董仙桥老师的推荐下，冷云秘密加入了中国共产党，在中共佳木斯市委领导下从事地下秘密联络工作。

1935 年 12 月，冷云毕业后被分配到悦来镇南门里小学任教，兼做党的地下工作。她不辞劳苦地为抗日前线传递信件，转送前线往来的人员，工作做得十分出色。她向往前线火热的战斗生活，多次向组织提出要到前线去，拿起枪杆子消灭日寇。

随着年龄的增长和工作的稳定，父母便着急地催她完婚。还是在上小学的时候，家里就为她包办订了婚约，男方是悦来镇的同学孙翰琪。但此时的孙翰琪当上了伪满警察，正在为日本人卖命。冷云不同意这桩婚姻，多次向母亲闹着退婚，但父母不敢和孙家的权势抗争，说什么都不同意，还不断逼着她结婚。

万般无奈的冷云向董老师诉说了这件事。董老师觉得此事重大，决定向党组织汇报，商讨是否送冷云去抗战前线，借此摆脱旧式婚姻的束缚。然而，结果却是另外的安排。

董老师找到冷云："冷云啊，组织上非常满意你目前所做的工作，也很理解你想去前线的想法，但是组织上认为，现在送你上前线不是最佳时机。"董老师停了一会儿，又严肃地说道："你也知道最近一段时间我们向前线输送了不少的同志，敌人已经有所察觉，又因为孙翰琪的特殊身份，你现在要是被送走了，那整个悦来镇的鬼子都会紧盯过来。这些日子，日伪军正在严密地监视共产党和抗日军民的动向，为不暴露党的机密，党组织决定交代你一个艰巨的任务……"

"什么任务？"冷云急迫地问。

董老师低沉而又坚定地说："你与孙翰琪

完婚！”

说完最后两个字，董仙桥很不轻松，他不知道接下来该说些什么。但是作为长辈，眼看着这个满脸失望与惊讶的学生，他要帮冷云分析当下时局，以及这场婚姻的必要性和艰巨性，实际上也是对冷云一次残酷的考验。

“冷云，我理解你现在的痛苦和矛盾，但你看到没有，现在已不是你一个人在抗日，整个国家的有志之士都投入了这场民族救亡的斗争，甚至牺牲自己的生命，现在只是要求你转换角色参与这场斗争而已。其实革命有很多种形式，我们党内就有许多同志为了救国大业，打入敌人内部，潜伏在最危险的地方。他们为了获得更多的情报，忍辱负重地坚持下来，无论遇到多大困难，不退缩，不抱怨，不怕牺牲，因为他们觉得没有什么比完成革命使命更重要的了。”

“我……”董老师的话，一时让冷云语塞。她深知一个革命者必要的时候是应该甘愿牺牲一切的。

董老师接着分析：“孙翰琪现在在伪满警察署

做事，掌握日本人的军事行动计划，你比较容易从他那里得到一些情报，这对抗联部队来说，是不小的帮助啊！况且，目前桦川县好多秘密情报都要从你这里周转，事情发生得这么突然，组织上也不可能这么快找到合适的接替人。”

董仙桥说得没错，自从冷云在南门里小学任教以来，因为好遮人耳目，她一直都担负着党内情报秘密周转的任务，如她撤离，组织上一定要先找到一个合适的接替人选才是，但一时又哪里能够找到这样的人选呢？

冷云的心情随着董老师的话语逐步回暖，为了革命的胜利，她决定忍受个人的痛苦：“董老师，您放心，我一定不辜负党组织的期望，一定完成好这个特殊的任务！”

“还有……”董老师欲言又止。

“还有什么？”冷云心头一颤。

“组织上希望你不仅能从孙翰琪那里得到情报，更希望你能以妻子的身份多做些策反的工作，争取让孙翰琪弃暗投明，那你可就做了一件对他、对抗日都是大有利的好事啊，你说呢？”

冷云被董仙桥的话触动了，的确，如果能从孙翰琪那里得到日本军事方面的情报，这无疑是对当前抗日斗争最大的帮助。如果能说服孙翰琪加入共产党，投身于抗日斗争，那对革命队伍而言又增加了一分力量啊！冷云说:“董老师，我是共产党员，当然要做党员应该做的事，努力完成任务，积极劝说孙翰琪弃暗投明！”

董老师说:“冷云，身为革命的一分子，你能这样想，这样做，老师为你感到骄傲。但是，在整个任务中，你一定要注意安全，如果这期间有什么异常，或是哪里出现了问题，你要立即联系我，组织上会第一时间安排你撤离，懂我的意思吗？”

“我懂，老师，您就放心吧。”

“好，一切以大局为重，处处小心，不要操之过急，凡事要多想着人民，想着抗日，我们定期和你联系。”

冷云深深地懂得自己是一名共产党员，必须努力完成党交给的任务。她把这场婚姻作为一次政治任务，心理上的斗争就不那么激烈了。董仙桥老师也为冷云担心，他深知与狼为伍是多么危险，孙翰琪是一个狡猾的敌人，冷云要与他斗智斗勇，首先需要战胜情感上的纠葛。残酷！真是太残酷了！

冷云掩饰着自己对孙翰琪的反感，按照当地的传统风俗，嫁入了孙家。婚后，仍然在南门里小学二年级任班主任。她一边教书，一边继续做抗日救国的宣传工作。课堂上，她经常向学生讲民族英雄的故事，培养学生的爱国热情，教育他们努力学习科学文化知识，将来为祖国的建设作贡献。

没过多久，党组织又交给冷云一项任务，争取在北门里小学任教的吉乃臣。吉老师是一个爱国青年，他痛恨日本侵略者和汉奸走狗，曾多次在学校等公开场合大骂敌人，而他的父亲又是伪保长，可以利用他特殊的家庭背景获取更多的日伪情报。冷云和吉乃臣都是老师，又是邻居，上下班经常见面，接触起来比较方便。组织上要求冷云以同事、朋友、邻居的身份对他进行思想引导。

在交往的过程中，冷云发现吉乃臣真的是一个很不错的青年，他不仅思想觉悟高，而且和自己有许多共同的志向，也有父母包办婚姻的痛苦，两个人很快成了非常谈得来的朋友。

这期间，冷云曾多次向孙翰琪灌输抗日的思想，劝他不要再为日本人做事，做一个堂堂正正的中国人，孙翰琪不但不听，反而对冷云产生了怀疑，还私下里秘密监视冷云的行踪。他注意到冷云和吉乃臣的关系不一般，两人还为此多次发生口角，夫妻关系日益恶化。冷云不免有些担心，如果孙翰琪把更多的眼线放在自己身上，说不定什么时候就会暴露组织，威胁到抗日救国的工作。想到这儿，她决定向组织请示下一步怎么做，不能在自己受苦的同时还连累到组织。

“私奔”去“抗联”

不久后的一天，有一份重要情报必须尽快转送给地下党组织，冷云下班后就直接去送情报，回家较晚。这天孙翰琪破天荒地早早回家了，发现妻子不在家，立即起了疑心。他随即赶往学校，想看看冷云在不在，结果没找到，他又气冲冲地跑到岳父家去找。孙翰琪赶到岳父家时也没有看见冷云，便对岳母谎称冷云要他带本小说回去。于是他打开冷云的书柜，一些抗日和革命的书籍刺入他的眼帘。他顿时血脉贲张，满腔怒火，一刻也不能多待，拿了两本书，借口有事离开了岳父家。他又找了几处冷云可能去的地方，一直找到晚上 8 点多钟也没看见冷云的影子，憋着一肚子的怒气回到家中。

孙翰琪进门不久，冷云回来了。他强忍着怒气问："这么晚才回来，你去哪儿了？"

"你回来了，不是说今天有会要开，很晚才回来吗？"

"我问你去哪儿了？"孙翰琪咆哮起来。

他接着问："这些书是怎么回事啊？"孙翰琪指着从岳母家带回来的抗日书籍。

冷云看着桌上的书，顿时就愣住了。孙翰琪经常是深夜才回来，今天早上走的时候还说今晚开会回来晚，但怎么就回来得这么早？肯定是有什么被他发现了。是继续潜伏，还是挑战一下这个策反的机会？要怎么做才是最好的？她满脑子都在想怎么办。

还没等她想出来，孙翰琪接着发问："解释不出来了是吗？那我问你，前几天，巷子里贴那些抗日标语的人是不是你？"

"是又怎么样？"冷云想，既然事已如此，隐瞒下去只能遭到孙翰琪更大的怀疑，这样不仅会影响到以后的地下工作，就连组织的秘密都有可能被孙翰琪查到。

"你不要命了吗？你知不知道这是悦来镇？这样做是要杀头的？"孙翰琪气得咬牙切齿。

"我是中国人，我不能看到同胞和祖国受到外国人的欺凌、践踏还袖手旁观，亡国奴的日子我过够了。"说着就掀起床底案板，几十张"打倒日本帝国主义""中华民族万岁"的标语跃然眼前。

"你……"孙翰琪气得嘴直哆嗦，说不出话来，随即他好像要挽回什么似的，语气放慢了些，"云，相信我，咱别惹这麻烦好吗？我们好好过我们的日子，我保证以后让你过上好日子，别这样吓我了行吗？"

冷云迅速抽回被孙翰琪抓住的手，她突然觉得很恶心，也终于看清孙翰琪要死心塌地当汉奸了。

她既然没有能力改变这个事实，就只有回到自己的革命队伍当中。她什么也没有说，打开门就走了出去。孙翰琪随即追了出来，想拉她回家，但冷云挣脱了他的手，头也不回，话也不说，朝前走去，走得坚决。孙翰琪在背后大声地喊："这么晚了，你去哪里？……"

第二天，冷云通过既是同事又是革命战友的范淑杰把这一情况转告了董仙桥。很快，董老师通知冷云见面详谈的地点。两人见面后，冷云把事情的全部经过告诉了董老师，董老师先安慰了冷云一番，接着说："组织上决定马上协助你撤离，你还愿意到抗日前线去吗？"

"我早就想去前线了，现在更想去。"

"孙翰琪已经发现了你的身份，你不宜再留下来。正好吉东省委书记、抗联第二路军总指挥周保中将军来信说，要求安排一些知识分子干部到部队上去，你可以到抗联第 2 路军去发挥你的作用。"

冷云不相信自己的耳朵，兴奋地问："真的吗？我真的可以到前线去了吗？"

董仙桥说："冷云同志，抗联前线部队的生活十分艰苦，战斗非常频繁，流动性又很大，有时连饭都吃不上，你要想清楚啊！”

“想清楚了，想清楚了，只要能去前线，我什么苦都愿意受，您放心好了。”

“事已至此，我们要研究一个稳妥的办法安排你离开，毕竟孙翰琪还在伪满警察署做事，一旦你失踪不是一件小事，他不可能就这么轻易放弃的。”

“这些我都明白，怎么做，组织就决定吧，我一定好好配合。”

“你等我消息，这几天你要沉住气，不要与孙翰琪激化矛盾。”

两天后，董老师带来了组织的安排，决定制造“私奔”的假象，让吉乃臣配合冷云一起到抗联第5军去工作。这样既能安全地送走冷云和吉乃臣，又不会让孙翰琪怀疑冷云去了抗日前线，这可以算是一个锦囊妙计。

冷云是有夫之妇，觉得“私奔”难为情，让两家人脸上无光，但是又想不出更好的办法。她劝自己：“干革命就要舍小我顾大我，我的一生都交给了党，这点儿牺牲又算得了什么。”于是她说：“我听组织的安排。”

地下党组织周密地布置了每个环节，包括迷惑敌人和保护冷、吉两家人的安全。

就在这时，孙翰琪因为给日军效劳有功，被提拔到富锦做警尉。冷云因为工作没有来得及调动，暂时一个人留在了悦来镇。在这段时间里，冷云更加频繁地与吉乃臣接触，关系更加“火热”，给周围人一种明显的“暧昧”印象，为“私奔”奠定了良好的基础。

孙翰琪到了富锦，心里却并不放心冷云，他让自己的伪警察兄弟私底下对冷云秘密监视，而且几次写信要求冷云快点调过去。地下党组织则认为这不失是一个帮助冷云逃走的机会。冷云按照上级的指示，写信给丈夫孙翰琪，同意往富锦城调动，并很快拿到伪桦川县公署办好去富锦的调令。她到富锦没几天，就谎称要回悦来的家取棉衣，一个人回到了悦来镇。

1937年8月18日，所有的时机都已成熟，冷云没有告诉任何人，在组织的秘密护送中踏上了到前线抗日的征程。在就要离开的时刻，冷云心里充满快乐，但夹杂着难言的忧伤。她站在牡丹江边，突然想起了杜甫的《春望》:“国破山河在，城春草木深，感时花溅泪，恨别鸟惊心。”此时此景，冷云突然觉得后面两句应该改成:“恨别花溅泪，重逢鸟欢心。”因为大家一旦重逢，将会是革命胜利的时候，她坚信离这一天的到来不会太远……

按照原计划，他们走后两天，地下党组织就把这个事先编排好的故事散播到了孙翰琪的耳朵里。他开始不信，带着手下的人把南门里小学翻了好个遍，当孙翰琪听到一些关于冷云和吉乃臣“暧昧”关系的风言风语时，他更不相信，但也不甘心，于是又带着人把吉乃臣的家和冷云的家查了数遍，都没发现两人的踪影，没有办法，他只能不情愿地接受了这个事实。

冷云和吉乃臣带着董仙桥老师的介绍信，辗转勃利县，经地下党内同志的协助，顺利抵达林口县刁翎地区的深山密林，找到了抗联第二路军总指挥周保中将军。

周保中见到冷云和吉乃臣，高兴地说:“总算来文化人了，部队需要像你们这样的热血青年，欢

迎你们啊！”

冷云和吉乃臣留在了抗联第5军秘书处工作，吉乃臣更名为周维仁。两人因为更多的接触而进一步加深了感情，互相爱恋，不久，经组织批准，他们正式结为革命伴侣。后来因为工作需要，周维仁被调往前线，冷云随妇女团调入密营工作。

冷云从回忆中挣扎出来，擦去眼角的泪水，又回到地窨子护理伤员。如今她已有身孕，周维仁作战在前方，自己在密营做后援工作，各方面都非常好，能成为抗联的一员，这就是自己想要的生活。逝去的就让它逝去吧，好人终归会有好报。孙翰琪必定会为他的卑劣行径付出沉重的代价，只是时间早晚罢了。

02 密营中的战斗岁月

神奇的感召力

1937年初冬的一天，正在密营里忙碌的妇女团接到第5军军部的命令，让妇女团安排部分战士去三通河畔给缴械的伪军和伪军家属做抗日宣传工作，以动员和争取更多的抗日武装力量。

战士们听到这个消息都很兴奋，争先恐后地要求去。当时密营里还住着很多伤员，需要留下一部分人来坚守医务岗位。

冷云和支队长商量决定，留下赵医生，还有精通草药的文慧姐等十几个人继续医治伤员。由冷云带着班长胡秀芝和杨贵珍、王惠民、郭桂琴、李凤善等 30 人去执行任务。

天还没亮，战士们都已准备好了行装，等待着出发的命令。出发时，留守的战士们像送战友上前线一样依依惜别。30 多个活泼的女战士在指导员冷云的带领下，行走在密林里。

这一路很不好走，一会儿上山一会儿下山，也不知道翻越了多少个山头，蹚过了多少坑洼的沼泽地，汗水湿透了身上的衣服，有的脚上打起了血泡。不管多累，战士们的欢声笑语都没有停过。

走了一天一夜，妇女团的战士们到达了孙家大院后山前的河沟，军部就在河沟对岸。军部的副官已经等候多时了，看到她们的身影，赶紧跑上来接过女战士肩上的背篼，还有一些新来的姐妹也跑出来迎接。

看到眼前这个情景，女战士们特别兴奋，一路的疲劳早已忘得一干二净。刚刚安顿完毕，冷云就急着要见被缴械的伪军和他们的家属。

副官领着妇女团的同志们来到伪军家属们的临时安置地。这是抗联战士们修建最好的地窨子，为了照顾他们的情绪，特意腾出来让给他们住，自己却露宿在树林。

那些曾经的伪军看到英姿飒爽的女兵们，呆呆地站在那里，个个面露愧色。冷云第一个说话打破了尴尬：“同胞们，欢迎你们回家啊！我们都是中国人，日本人侵占我们的土地，杀我们的人民，抢我们的东西，我们不能甘心做亡国奴啊！我们要站起来，团结起来，把日本鬼子早日赶出去，这样我们才有好日子过啊！”

一个伪军小头目带着哆嗦的声音说：“你们才是真正的中华儿女呀！我们都不配！往后我们一定跟着你们走，跟你们一起打鬼子。”说完就低头不语了。

“快别这么说了，我想你们也是被逼的才跟着日本鬼子干的，中国人绝不能打中国人，绝不能当亡国奴！只要我们中国人团结起来，齐心合力，还怕赶不走日本鬼子？”

“是啊，是啊，冷指导员说得对，以后我们就在一起打鬼子，有什么困难大家互相帮助，互相支持，中国早晚会解放的，大家要乐观点儿。”副官的话赢得大家一片热烈的掌声。

在场的人都感动了。妇女团的战士们拉着大家的手唠起家常，这是一种随和、有效的亲密接触，一下子消除了相互间的陌生感。

当天晚上，妇女团的战士们组织了一场联欢晚会。女兵们个个才艺不凡，她们把会唱的，会跳的节目全都拿出来表演了一遍，特别是杨贵珍、李凤善甜美的歌声，让在场的官兵和伪军及家属欢快不已。他们被这种热烈的气氛所感染，纷纷加入到联欢中，有的家属也表演了节目。

思想的转变需要一个过程，但生活的现实还是让伪军特别是他们的家属感到畏惧。战士们睡着帐篷，把暖和的地窨子让给伪军家属。但是北方的初冬已是寒气侵人，伪军家属晚上时常被冻醒。她们对过去的“好”日子念念不忘，对眼前的苦日子怀有抱怨。

杨贵珍是个细心的人，她想，这些女人没有对比，不知什么是苦日子，必须说点震撼她们心灵的东西，才能唤醒她们麻木的灵魂。于是，在一次感情互动会上，她第一个站起来说：“姐妹们，我们谁不想过上好日子，是日本人不让我们过好日子呀！你们知道被鬼子欺压的生活是一种什么样的滋味吗？”杨贵珍想起了她心酸的过去，喉咙像被卡住了，哽咽着说：

“姐妹们，你们想知道我来妇女团之前是怎样的生活吗？我很小的时候娘就病死了，后来，爹找了后娘。鬼子进村扫荡时，抢走了家里所有能吃的东西，爹一上火，眼睛就闹瞎了。后娘没办法弄到吃的，就以5担苞米把我嫁给了老王家。5担苞米能支撑多少日子呀？家里又没劳力，后娘不忍心看着爹和弟弟被饿死，不得已就招进个男人，过着‘招夫养子’的日子。不了解实情的人都在背后骂后娘不要脸，但作为女人，我是知道她的痛苦、委屈和无奈的。

“我嫁人后，丈夫对我还可以，我也就认了，打算就这样过一生算了。可是，可恶的日本鬼子不让我们好好过呀！在一次‘扫荡’中，丈夫被日军杀害，当时我也不想活了，准备一死了之。是抗联的王队长带着妇女团的战士们来到我们村，把我给救了过来，让我看到生活的希望，我杨贵珍的名字也是王队长给起的呀。后来，我想参军，和她们一样去打日本鬼子，可是婆婆家不让我去，觉得我是他们用苞米买来的媳妇，不能就这么赔了，硬是要把我卖出去……

“有一天，我去不远的四合屯亲戚家串门，正遇上日本鬼子的大屠杀，把全村几百人赶到一个山坡上围起来，用机枪扫射，大部分人都被打死了，只有十几人活了下来，我是被赶来的抗联小分队救出来的。姐妹们，没有抗联，就没有我的今天，我们的痛苦都是日本鬼子造成的，他们杀我们的亲人，抢我们的粮食、土地，咱们得站起来啊，团结起来和他们干，把他们赶出去！”

在一片哭泣声中，指导员冷云接过话：“姐妹们，我知道你们以前过的都是大户人家的日子，不愁吃、不愁穿，还有大房子住，可是现在国破家亡了，日本帝国主义的侵略越来越疯狂，你们想想，就算你们不来这里，就有好日子过吗？姐妹们，勇敢地走出来吧，像我们一样，从过去的生活中走出来，一起参加抗日，一起去打鬼子，我们早晚还是会过上如以前一样的好日子的。你们看小惠民，她才12岁，母亲和妹妹都被日本鬼子杀害了；还有李凤善大姐，好几个孩子都托付给老乡抚养，自己投身到抗日的队伍中……”

经过妇女团战士们的现身说法和耐心教育，缴械的伪军纷纷表示不再为日本鬼子卖命了，主动要求到抗联队伍中去打鬼子；伪军的家属们也都积极行动起来，帮着做些抗日的后勤保障工作。妇女团的战士们还教会了她们好多事儿：为伤员包扎、清理伤口、换药，用手摇缝纫机缝补衣服等，还教会了她们上山打猎的技能，以补充食物的不足……

回密营赶制棉衣

1937年的冬天似乎来得特别早。北风一吹，到处是白茫茫的一片。抗联战士们过冬的棉衣还没有解决，许多战士还是身穿单薄的衣服，接连不断地同敌人作战。

妇女团的战士们在三通河畔工作了20多天后，

军部要求她们结束这里的宣传教育工作，立即回到密营，与驻扎在那里的第4军被服厂的同志一起赶做棉衣。说是部队刚刚打下了敌人的一个据点，缴获了一批食物、药品和布匹。战士们听到这个消息甭提有多高兴了，连夜收拾行装准备出发。

新加入抗联的妇女们听说妇女团要回去了，心里都有点儿不舍，主动跑过来帮忙收拾行装，说着感激的话。妇女团的姐妹们看到大家20多天来的变化，也感到非常欣慰，拉着她们的手鼓励说："记住，抗日是为中国人谋幸福，为自己能当家作主，不受人欺侮，坚持下来就是胜利，以后咱们还会再见面的。"

妇女团的女兵们踏上了返回密营的征程，因为刚刚完成了一项值得她们骄傲的任务，又有新的战斗在等着她们，大家都显得特别兴奋。但与来时不一样的是，山中的雪下得很大，路上多处是蒿塘、沟壑，有的地方积雪齐腰深了。王惠民的个子矮，有时踩在雪里，腿拔不出来。冷云原想把她留在三通河畔，但是她舍不得离开冷云，吵嚷着要跟冷云回密营。冷云挺着个大肚子同大家一样滚爬在林海雪原里。

深山里刺骨的寒风侵蚀着战士们的身体，汗湿的衣服经寒风一吹，前后都硬邦邦的；脚上的乌拉（东北地区冬天穿的鞋）里灌进了雪，走起路来湿滑湿滑的。到了晚上，大家就找个能稍微避风雪的洞口或是沟塘，拾一些枯树枝，燃几堆火，围坐着，相互挤着睡一会儿。经常是刚刚睡着就被冻醒。饿了吃一点炒面，渴了就抓起一把雪往嘴里塞。经过两天的艰难跋涉，终于到达了密营的境内，大家迫不及待地加快了脚步。

密营站岗的战士已经遥望好几天了，远远地看到了大家的身影，赶紧喊着向营地里的同志报告："回来了，回来了。"大家听到后，都跑着出来迎接，悬着的心总算放了下来。

支队长热情地招呼着她们："快，先到地窨子里去，烤烤火，喝点刚给你们熬好的热汤，一路上都冻坏了吧？"

"还好，大家都还挺得住。支队长，叫大家也别为我们忙乎了，到家了，我们自己可以照顾自己。"

“这怎么行？你们赶了这么远的山路，外面风大雪大的，到了家，才要好好照顾你们呢！今天大家就安心地休息休息吧！”

“前线的同志急需棉衣，我们得赶紧去被服厂。我们没事，路上没少歇，不累。”胡班长插话说。

“这是命令！”支队长这么一说，胡秀芝不再说什么了，她回头看看姐妹们，大家的确已经累得不行了。

“好吧，大家都回地窨子里休息一会儿，填饱肚子，烤暖身体，我们再过去干活。”

“姐妹们，把乌拉都脱了，看看脚有没有冻伤？冻伤了的赶紧上药。”冷云刚坐下就提醒大家。

战士们一边扫着身上的雪，一边烤着挂满霜的衣服。不一会儿，一桶热汤端了进来，大家喝在嘴里暖到心里。冷云一边喝着热汤，一边关注着大家。她发现郭桂琴一直低着头在那里弄着什么，也不和大家说话。

“桂琴，怎么了？”冷云站起来走到她身边。

“没，没怎么。”

“是不是脚冻坏了？来，快给我看看。”说着就要帮郭桂琴脱乌拉。

“没事，真的没事。”

“快给我看看。”桂琴拗不过，就只好让她帮着脱。冷云用了好大的力气也没脱下来，又试了试还是不行。“糟了，乌拉脱不下来了，脚肯定冻坏了。”冷云有点儿着急。

“真的没事，烤会儿火就好了。”桂琴故作坚强地说。其实她的脚早就冻得没知觉了，只是看大家赶路心切，自己也着急，所以一直忍着没说，哪想到这会儿乌拉都脱不下来了。

“这还没事儿？惠民，拿把剪子来，把这乌拉剪开。文慧姐，你用盆子到外面盛点儿雪，咱们帮她搓搓。”

冷云把乌拉剪开，发现桂琴的脚已经冻得紫一块白一块。“都冻成这样了，还说没事，这要是变黑了可怎么办？”说着，慢慢地把桂琴的脚放进盛雪的盆里，用手轻轻地搓着。

“疼不？”冷云关切地问，眼泪不争气地掉了下来。

“不疼，没感觉。”桂琴傻笑了一下。

“傻瓜，你现在是冻得没知觉了，当然不知道疼了。等一会儿把脚搓热了就能慢慢恢复知觉了。”

冷云没有再说什么，她觉得此刻说什么都显得苍白无力，她一边给桂琴搓着脚，心里却一边回忆着姐妹们从军以来的种种艰辛：她想起了战场上胡秀芝满脸硝烟的脸庞，想起了杨贵珍倾诉家史时的痛苦表情，想起了李凤善把孩子送给老乡的不忍和心酸，想起了小惠民在雪地里艰难跋涉的倔强……她在心里告诉自己，一定要带领大家跟着抗联部队将抗日进行到底，直到把日寇赶出中国，要不然会有千千万万个胡秀芝、黄桂清、郭桂琴、杨贵珍、李凤善、小惠民……受苦受累受压迫。

战士们就在那儿围坐着，谁也不说话，不知不觉就都昏昏沉沉地睡着了，等醒来时天已经大亮了。

“文慧姐怎么没叫醒我们啊？”胡班长醒来就有些埋怨。

“你们赶了这么久的路，一定都没好好休息过，好不容易睡一会儿，我怎么能叫醒你们呢？”

“可是……”

“别可是了，多睡一会儿不耽误事啊，养足精神了，接下来有你们忙的。”

第 4 军被服厂里两人一台机器，24 小时轮班使用，不会用机器的人就锁扣眼、钉扣子。有时候还要把做好的棉衣送到附近的营地。

安顺福是被服厂的厂长，不仅衣服裁得好，做得棒，染布也是高手。她待人和蔼可亲，大家都亲切地称她安大姐。安大姐的故事早已被妇女团的姐妹们所熟知。

1915 年，安顺福出生在黑龙江省穆棱镇三岔村新安屯一个贫苦的农民家庭，父母和几个兄弟姊妹勤劳正直，全家靠种水稻为生。九一八事变后，屯子里成立了党支部和抗日救国先锋队，全村群众积极参加抗日救亡斗争。安顺福 16 岁时就随父兄参加革命活动，是新安屯抗日儿童团团员，后来又加入中国共产党。

1933 年 1 月，敌人对新安屯进行疯狂大搜捕，有 30 多名共产党员和爱国志士被捕，7 人被活埋，其中就有安顺福的父亲和弟弟，新安屯也被鬼子烧毁。无家可归的安顺福离开家乡，参加了抗日的部队，被安排在第 4 军被服厂工作。后来在部队结了婚，丈夫朴德山是抗联第 4 军 4 团团政委，后在战斗中英勇牺牲。为了方便行军作战，她把两个孩子都送给了老乡家抚养，自己全身心投入抗日斗争中。

冷云一直很佩服安大姐，第一次见到她时，就被她精明、能干的气质所折服，同时也被她不屈、顽强的精神所感动。安厂长此时正为做衣服的人手不够发愁，妇女团一下子来了这么多姐妹，显得特别高兴，她拉着冷云的手说：“你们来得正好，欢迎！欢迎你们呀！”于是，按照每个人的技能，给大家分工又分组。

安大姐擅长染布，说起染布，她显得十分自豪。她说，春天的时候，前线送过来的布都是白色或蓝色，大家做之前都得先给它染色。染料是从山上采来的柞树皮、桦树皮、榆树皮，先把这些树皮中比较嫩的地方弄下来，集中到一块儿后，在山坡上支起两口大锅，装上水，再把这些树皮都放进去，用火慢慢地熬，熬到一定程度就成染料了，再把布放进去煮。大概要过几个时辰，看到布上色均匀了，就把它捞出来，平铺开来，在太阳底下暴晒。那时候，山坡上到处都是黄黄绿绿的布料，景色十分壮观。

小惠民听得入神，吵着要上山去采染料。安大姐笑笑说："傻孩子，现在哪有染料采？等春暖花开，安大姐再教你染布。"小惠民好一阵失落，但是没办法，现在山里的树都被雪覆盖了，哪有嫩树皮给她采。她就在心里默默地期盼着，等待着下一个春暖花开的日子。

战士们日夜不停地赶制棉衣，很多人的手磨出了大血泡，碰破了就用布角包上，继续干活。一直盯着机器的同志，抬起头就会眩晕，可是所有人都不愿停下来，大家心里清楚，前方的战士穿着单衣已经不能抵御寒冷，穿不暖怎么能有精神打仗？一想到这些，大家就干得更起劲儿了。

没有布料了，大家就在布角堆里找碎布做袜套、扎衬领，这些东西虽小，但很实用。

一天，杨贵珍突然来了灵感，说："姐妹们，咱把扎好的袜套、衬领，写上'抗日救国、勇敢杀敌'装进新棉衣里，就算是咱妇女团送给前方战

士的一个小礼物吧！”大家一听，觉得很有创意，于是，都动起手来，把袜套、衬领绣得又精致又漂亮。

前方的战士拿到这些小“礼物”特别的高兴，有的夸棉衣做得好，有的说字写得好，没有拿到袜套、衬领的就吵着要。女战士们得知她们小小的举动，在前线战士们中赢得这么好的效果，就做得更多更好了。这件事被军部的首长知道后，还专门来信表扬了妇女团的战士们，大家心里甭提有多高兴。

伏击战中显身手

敌人的“归屯并户”活动日益猖獗，他们把大片平原地区的村庄合并完了之后，现在又要对山里的村落开始行动了，企图以此来彻底切断人民群众与抗联的联系，把抗联部队围困在大山里。第5军军部命令密营支队立即赶赴四道河子沟附近，配合第 1 师对敌人进行有效的阻击，并做好储备物资、打持久战和长期斗争的准备。

妇女团的战士们刚协助第 4 军被服厂做完了这批棉衣，眼下正好没其他急任务，于是，冷云和支队长商量，这次行动派部分女兵参加，一是锻炼队伍，二是及时进行战地救护，三是沿途给老百姓做抗日宣传工作。

支队长同意派 30 名女战士一同前往。但在研究人员名单时，支队长说：“指导员，你的身体情况……这次任务时间长，又很危险，你就不要去了。”

“我为什么不要去？我熟悉她们，到了前线，战士们更需要我！我的身体没问题！”

“这次不是一般任务，战斗频繁，前方条件又差，万一要是……”

“支队长，你就不必为我担心了，我自己的事我能克服的！”

支队长知道冷云的脾气，争不过她，只好同意了。

最后商量决定：安大姐和第 4 军被服厂的同

志留下，由安大姐领导大家继续做后方支援工作。惠民因为太小，不便去那么复杂的战斗环境，所以也留下了。胡秀芝班长，还有杨贵珍、李凤善、黄桂清、郭桂琴等一些有战场经验的老兵被确定为参加的人员。

女兵队在指导员冷云的带领下，跟随支队其他男兵一起出发了。从密营到四道河子沟不仅路途遥远，而且除了蒿塘就是大山。曾来过这边做抗日宣传工作的李凤善，一路上不断地向大家介绍情况："前面就是木西村，再走半个时辰就到了，到那里顺便看看上次来这儿认识的乡亲们吧，不知道他们最近过得怎么样？"

支队长说："好，我们到那里再休息。上次李大姐是抗日宣传队的队长，来这儿待了半个多月，所以这边的情况她最了解。"

大家整了整行囊，加快了脚步。

走到木西村村口时，大家被眼前的惨状惊呆了：所有的草房已被烧毁，几具烧焦的尸体暴露在野外。李大姐急忙上前想辨认，但都已根本看不清模样，她顿时放声痛哭起来。

战士们强忍悲痛，绕着房子搜寻，结果什么也没找到。一个好端端的村庄就这样被日本鬼子无情地毁掉了，夺走了全村人赖以生存之地，他们将怎样生活？

“同志们，别哭了，李大姐你也别……”支队长说着却也控制不住自己的情绪。他努力让自己平静下来，带领大家掩埋了木西村的百姓后，又匆忙上路了。

大家怀着沉痛的心情赶了两三天的路，终于到达四道河子沟的指定位置，部队安顿下来后，由第1师统一指挥行动。

晚上，关书范师长组织召开紧急会议，研究部署近期作战方案，主要是阻止日伪军的“大讨伐”活动。要求各分队听从指挥，加强配合，积极寻找战机，随时做好战斗准备。女战士们一听要打仗，个个精神振奋，恨不得立即投入战斗，一显身手。

第二天一大早，师部得到情报，说是日军有一个中队要来四道河子沟进行“讨伐”，师部决定打他一个伏击，命令支队配合主力部队作战。

接到战斗命令，女战士们兴奋不已，每人装着手榴弹、背着枪支，跟随支队向预定位置进发。支队的伏击位置是山垭口公路的拐弯处，任务是拦截敌人，不让敌人逃跑。他们以急行军的速度翻山越岭提前到达，选择在离公路不远，居高临下的山坡上埋伏好，严阵以待。

李凤善紧跟在冷云身后，尽量地照顾着她，毕竟她怀孕已数月，虽不很明显，但行动起来还是不如别人灵活。胡班长挨个进行检查，唯恐哪里出点疏漏。

上午 10 点左右，敌人的“讨伐队”乘坐 6 辆大卡车，晃晃悠悠地顺着山间土路开了过来，进入了一条狭长的山沟，当全部进入抗联的伏击圈，就在头辆汽车快要转弯时，师长一声令下：“打！”

山坡上的手榴弹雨点般地向敌人的汽车倾泻下来，把车上的敌人炸得死的死，伤的伤。打头的一辆车被打趴了，后面的几辆车也都歪向一边不能动弹。没死的敌人纷纷跳下车，有的往车底下钻，有的往山沟里躲。

“冲啊！”两面山上的抗联战士排山倒海般地冲向敌人，他们一边呐喊，一边向敌人射击。

这边的女战士和男战士一样，非常勇敢，毫不畏惧。杨贵珍正好在打头车的位置，她对着负隅顽抗的鬼子一枪撂倒一个，弹无虚发。鬼子拼命地还击，一个躲在汽车后的敌人正向杨贵珍瞄准，被胡班长发现，她迅速转过枪口一枪命中。

“贵珍，注意保护自己。”胡班长语气虽然很凶，但刚才的确很危险，要不是自己那一枪射得快，后果就不堪设想。

杨贵珍根本顾不了这些，她要痛杀鬼子报仇雪恨。她呐喊着跃身而起，跟着胡班长向敌人冲了过去了。

李大姐细心地关照着冷云：“指导员，你身子骨儿弱，不能冲！有我们呢。”

“我没事，别管我，给我狠狠地打。”

战斗进行了一个多小时，敌人全部被歼，缴获了不少枪支弹药，还有两个掷弹筒。

关师长对这次战斗很满意，特别是妇女团战士们的英勇表现，是他没想到的。于是，专门表扬了她们：“真不简单啊，我们的女战士都这么厉害，革命队伍中多了你们这些花木兰，打鬼子的力量不就更大了吗？”

冷云连忙答道：“以后，我们希望能多参加一些这样的战斗，一起打鬼子，把他们早点儿赶回去。”

“对，以后可别把我们女兵当累赘了，你看，女人能做的我们能做，男人能做的我们也一样行。”杨贵珍补充道。

“贵珍同志好大的口气啊，不过，你们今天的表现，让我见识了咱们抗联女兵的风采，继续努力，以后这样的机会多着呢。等革命胜利了，一定要给妇女团颁个大奖状。”

关师长的话，大家听了很高兴，心里比吃了蜜都甜。

冷云的夫死子别

妇女团的出色表现得到师长的充分肯定和同志们的认可。但是她们心里都明白，自从参加抗联，就没有什么性别差异了。她们要成为像男战士一样的抗联战士，不但体力上要有更多的付出，还要克服生理上带来的种种障碍。

战争，带给女人的是更血腥的残酷！

一天傍晚，师部警卫员来到妇女团驻地找到冷云：“指导员，师长叫您过去。”

这么晚了，莫非又有什么任务？冷云一边揣测，一边随警卫员来到师部。

一进门，关师长连忙起身，招呼她坐下，脸却转向另一边。

“师长，有新的任务吗？”

关师长过了一会儿，才转向她低沉地问：“冷云，你和维仁多久没见面了？”

冷云一时有点儿蒙，师长怎么问起这事儿了，一种不祥的预感强烈地冲击着她大脑。

“师长，是不是维仁他……？”冷云没有把话说完，惊慌地站了起来。

关师长也站起身来说：“接到前方送来的信，说周维仁同志在反‘讨伐’的战斗中，为了救战友，不幸中弹……”

接下来的话，冷云已听不见了，她只觉得天旋地转，脚底在打晃。她不敢相信这是真的，前两天，他还托人给她捎来了军帽，怎么会就……

关师长扶着冷云坐下："冷云，别扛着，想哭就哭出来吧。"

"师长，我……"话没说完，眼泪就直淌下来。

"冷云，我们都是抗联战士，都是把脑袋别在裤腰上打鬼子的人，维仁同志的血不能白流，血债要用血来还，你要坚强起来，妇女团还要靠你带领打鬼子呢！"

"师长，我没事，您休息吧，我回去了，明天还有任务呢！"冷云起身跑了出去，任凭关师长在身后怎么呼喊她……

关师长的确是很担心，就叫警卫员跟着她。

冷云一口气跑到一片空地放声痛哭起来。她想起了和丈夫一起宣传抗日的情景，想起两个人在学校一起吹琴、下棋的快乐时光，想起两个人的"私奔"，想起两个人共同的理想，还有两个人曾一起勾勒的三口之家……现在，他一个人走了，连孩子还没有来得及看一眼就这么悄无声息地走了？冷云怎能接受这个残酷的现实？肚子里的孩子怎么接受这个痛苦的事实？

冷云哭着摸着肚子，她想，此刻可能只有这个孩子是最懂她的，但是她又怎样告诉孩子现在发生的一切？小宝贝好像也感知到了什么，不停地在她肚子里动。突然一阵绞痛，该不会……正想着，肚子越来越疼，一阵比一阵疼得要命，她躺倒在地上发出痛苦的呻吟。离她不远的警卫员看情况不好，赶紧跑过去扶着冷云。

"冷指导员，你怎么了？"

"我……我……好像要生了……"

警卫员一着急，抱起冷云就往回跑。

"指导员，你坚持一会儿，我们快到营地了。"警卫员边跑边说。

"胡班长，李大姐，贵珍姐……快点，快出来，指导员要生了……"

大家听到警卫员慌乱的惊叫声，都赶紧跑了出来。

"现在就要生了？"胡班长和几个战士把冷云从警卫员怀里接过来。

“贵珍，赶紧带两个人去烧水，胡班长，赶紧把被子铺好……”有经验的李大姐指挥大家做着准备工作，营地里一阵忙乱。

冷云躺在临时的营地里，强忍阵痛。战士们有的忙着给她擦汗，有的握着她的手不断地鼓劲儿，有经验的女同志守在旁边不停地说着：“别怕！别怕！一会儿就好了。”

折腾了一个多小时，在这深山老林里，一个顽强的生命诞生了……“冷云，是女儿。”李大姐边说边把孩子抱给冷云看。

冷云挤出一丝微笑：“平安就好，平安就好！维仁，是女儿，女儿好！像爹……”

大家都不会理解，也不会明白冷云说这话时的悲喜心情。直到一个星期后，妇女团的同志们才知道周维仁同志牺牲的消息。战士们无不打心底里难过，同时又对指导员怀着深深的敬意。从那以后，谁也没再提起这件事，只是默默地把爱奉献给这个可爱的小生命和冷云。

孩子出生后，冷云只休息了几天就抢着干活。大家都阻拦她，免得身体留下什么病根儿。冷云就

编写宣传材料和学习资料，等大家不忙了给大家上课。

小宝宝真的很听话，冷云写东西的时候，她就在旁边躺着，眼睛眨巴眨巴的，不哭也不闹，这让冷云很欣慰。大家都很喜欢这个小家伙儿，总是忙里偷闲地逗逗她，看她第一次会笑，第一次伸手抓东西，第一次听战士们唱歌时那似懂非懂的表情……

1938 年春天来临，军部决定派青年义勇军和妇女团的战士到勃利县黑瞎子窑沟去援建密营。接到任务后，战士们立即收拾行李。

关师长决定冷云暂不去执行这次任务，就留在后方工作。

冷云知道后，急忙跑去说理。“师长，是不信任我能带领大家完成任务？”冷云急切地问。

“冷云，妇女团的战斗力大家是有目共睹的，你领导大家每一项工作都完成得很好，组织上考虑到你生完孩子才不久，孩子还小，这次任务你暂不参加了，等孩子大一点儿，能和大部队一起奔波了，你想到哪儿，想怎么打仗都随你了。”

“有孩子了，我就不能正常参加抗日了？”

“你留下来不也是在抗日吗？教大家学习文化，帮着照顾伤员，这里也很需要你呀。”

“我得和我的妇女团一起走，就是教文化我也得跟着她们，她们的情况我清楚，让我和她们在一起，我才觉得有价值，留下来看孩子我不干。”

“有胡班长在，你就放心好了。”关师长也有些生气了，他的确是担心冷云的身体和她这么小的孩子。

“师长，我请求这次任务还是由我来带队。”

“你……”关师长看着她的倔劲儿又来了，话一开口就打住了。

“师长，对不起，我知道您是关心我，也谢谢组织上的照顾，但是我觉得她们更需要我，孩子的事儿您就别管了，我会处理好的。”说完，冷云转身就走了。

不一会儿，冷云找到谢清林副官，她觉得此时也只有他能帮助自己了。

“谢副官，想求您一件事……”

“别这么说，冷云。你说吧，是什么事。”

“您也知道我们妇女团又要出去执行任务了，可是，孩子现在没人照顾，您明天出去可不可以……可不可以帮我把孩子安放到哪个老乡家，请他们帮忙先照顾一段时间。”话刚说完，谢副官就吓了一跳。

“送老乡？冷云，组织上不是决定这次任务不安排你去吗？你就在这儿自己带孩子。”

“谢副官，我是这些姐妹的指导员，现在大家要执行任务，我能留下来照顾孩子吗？我……放心不下。”

“冷云，你这是想得太多了，有胡班长她们在，没事的。再说这次青年义勇军的战士也去不少，你就放心吧。你刚生完孩子，还是不要过于劳累，孩子这么小也不离开娘。”

“没什么不行的，我一定得去。如果您不同意帮忙，我就得带孩子上路，您说这样能方便吗？再说，孩子跟着我在哪儿都有危险，我们是抗联战士，不知道什么时候就遇到战斗。送给老乡抚养，活下来的希望更大，我更安心。”

“可是……可是孩子一旦送走，你也许再也看不到了。你不是不知道，我们的活动地点不固定，老百姓也是被敌人撵得到处搬，以后回来可能都找不到了。”

冷云怎么不知道这些呢，她心里也是千万难舍的。孩子没了爸爸，现在连妈妈也要离开她。冷云一想起来就心酸，但是为了革命，她必须把眼泪往肚子里咽，必须作出这样的牺牲。妇女团的母亲们有几个不是这么过来的呢？

“谢副官，这些我知道，我已经想清楚了，这样对孩子对我都好，就算我们母女没有缘分再见了，但是只要她能活着，健健康康的，我还有什么奢望呢？妇女团里有孩子的姐妹们，不都是把孩子送走了吗？安大姐、李大姐……我是指导员，连这点都做不到，怎么领导大家？”

冷云的一番话，让谢副官不禁为她这种高尚无私的奉献精神肃然起敬。一个母亲为了革命放弃自己的孩子，为了抗日不顾自己的身体，更何况孩子刚出生。谢副官含着眼泪答应了。冷云如释重负，露出了轻松的微笑。

回到妇女团的驻地，看着大家都在逗宝宝玩，她赶紧收起了倦容。

“大家都忙自己的去吧，孩子给我，该喂奶了。”说着就把孩子抱了过去，大家都忙着散开了。

冷云抱着孩子，心里久久不能平静，泪珠不停地滚落在孩子的衣服上、脸蛋上。她喃喃地说：“儿啊，你别怪娘狠心，娘是多么舍不得你的呀，但现在战争没有结束，妈妈还要和战友们一起战斗，只望你平平安安地活着，等革命胜利了，你就能跟着小伙伴们一起背着书包去上学，学文化知识建设国家……”

她知道，这可能是自己最后一次给孩子喂奶了，也许以后孩子都不会见到她这个妈妈了，更别说在一起生活！她一边喂奶一边摸着孩子的头，像是有很多话想说，又不知道该先说哪些，就算说了她又能懂多少呢？但她相信女儿一定会过上好日子，因为有太多像她这样的妈妈在为孩子的幸福而战斗！她又想起了自己的丈夫，如果他还在，相信应该也会同意这个做法的。

“孩子，不管什么时候，你都要相信妈妈是爱你的，爸爸也是，我们在你生活的每个角落里爱着你。”

想到这儿，一颗冰冷的心又回暖了过来，她又含泪笑了。

那一夜，冷云一直都没有合眼，她把身边的孩子抱得紧紧的，几乎哭干了她一生的眼泪，一个女人的眼泪，一个母亲的眼泪，一个妻子的眼泪。第二天，她像什么都没发生似的，整装待发，忘记了一切，放弃了一切，和战士们一起上路了。

援建密营医院

冷云带着妇女团和青年义勇军几十人的队伍，爬高山，穿密林，经过三四天的风餐露宿，终于看到了黑瞎子窑沟的影儿了，大家疲惫的脸上露出了欣慰的笑容。

营地的负责人赵副官走出很远来迎接他们。

一见面，冷云就急于想知道这里的情况：“赵副官，请你介绍一下这里的任务吧。”

赵副官说:“这里离敌人比较远，地理位置也很隐蔽，适合建密营。但目前，这里修建的地窨太少，伤员没有安置的地方，有时候只能睡在豆秸上。医生也太少，只有王医官一个人懂医务，他每天都忙到半夜还是忙不过来。我向上级请示，想在这里建一所密营医院，既解决这里现有伤员的医治问题，还能扩大收治一些其他地方的伤员。”

“好想法。”冷云说。

“首长非常支持我们的想法，还说你们妇女团在这方面有经验，密营就是你们建起来的，所以把你们调来了，大家都盼着你们呢。”

“妇女团也是在军首长的大力支持下为大家做了些事。首长指示，这次不仅要在这里建一所医院，还要建一个被服厂，更好地为前线的战士们服务。”

“那太好了，我们正好把附近的妇女都调动起来，给战士们做军装。冷指导员，我们听你的指挥。”赵副官说。

“各项工作都需要大家一起来做。”

“先吃饭，吃完饭我们开会讨论工作计划。”正说着，战士们就把饭菜端了进来。小米饭、狍子肉、咸菜，还有绿豆汤，看起来就是精心准备的。这一路上，大家尽吃炒面、腌咸豆，看到这么丰盛的饭菜胃口大开，大家一边吃一边讲在四道河子沟打鬼子的故事，高兴得像过年一样。

晚上，大家围坐在营地前的一片空地上，讨论着建医院、建被服厂的事。最后，一致同意先把医院建起来，后建被服厂，因为伤员救治不能耽搁。

第二天天刚亮，部队就行动了起来。第一步是准备建筑用的木材。为了不暴露营地的目标，战士们不得不到几里以外的地方去伐树。

这些都是男人干的力气活，妇女团的战士们和男战士一样干，砍的砍，锯的锯，运的运，样样不示弱，让青年义勇军的男战士们佩服不已。

冷云有上次建造密营的经验，根据她的建议，医院地址选在了山脚下那个小河旁的空地上，这里背后靠着山，山坡不陡，遇敌人来袭时可以快速撤离，周围是茂盛的树林也比较隐蔽，离水源又近，生活都方便。

地点敲定后，战士们就开始挖地窨子，然后竖支架，垒围墙，盖房顶，加伪装，各项工作有条不紊地进行着。忙碌了10多天，可容纳几十人的密营医院建起来了。妇女团的战士们又忙着架床铺、整理卫生，一切工作完成后，写信向军首长汇报了建院的情况。

王医官看到医疗条件有了这么大的改善，心里有说不出的高兴，为了表示感谢，他执意要去山里打头野猪回来答谢大家。

医院建成后，接着就建被服厂。考虑到染布、晾晒方便，冷云建议被服厂建在了山坡上。在妇女团和义勇军战士们的共同努力下，又用了10多天的时间，一座集染布、裁剪、缝纫于一体的被服厂就建起来了，随后忙着安装设备。

一天，出去行动的战士抬着战利品向被服厂走来，见到冷云就说："指导员，看给你们送什么来了？"

冷云一看是手摇缝纫机，高兴得几乎要跳起来："这是哪儿来的？"

"从鬼子那里抢的。"一位战士自豪地回答。

"又打胜仗了？"

一位战士高兴地说："今天，我们出去执行任务，抓到了两个伪军，伪军说是专门跑出来给我们报信的：今天鬼子有两辆运送物资的车要路过这里，车上押送的人不多。我们开始不相信，他们就拿性命做担保，还愿意给我们带路。我们就抱着试试看的心态跟着去了，不一会儿，果然出现鬼子运送物资的车，我们就按照在路上商讨好的对策，狠狠地打了他个措手不及，不但把鬼子给消灭了，还缴获了两大车的物资。"

"两大车？你们可真了不起啊！"

"冷指导员，你看看这种缝纫机和咱们用的有没有区别，能不能用。"

"我看和我们的差不多，能用的。真的要谢谢你们，服装厂正缺缝纫机呢，你们真是雪中送炭啊！"

"这是赵副官让我们送来的，说是先给你们一个惊喜。"

"替我谢谢赵副官，等我们把厂里布置好了，再去听听你们打鬼子的事，说得我们心都痒痒了。"

惠民与父亲的生离死别

1938年入夏前，被服厂建好后，军部要求密营赶制一批夏天的单衣，为部队战士换季。妇女团的人手不够，赵副官决定悄悄地去把第4军被服厂的安厂长请来支援。

两天后，赵副官就把安厂长等一行人带到冷云面前。冷云和胡秀芝等人一见，都怔住了。

“怎么了？不认识我啦？”安大姐首先说话。

“安大姐，真的没想到是您来了，大伙儿都想念您啦！”

“我也没想到你们走后，我们还能在这儿见面，我也想念大家！”

“还有我呢！”

“啊！是惠民，你也来了？”冷云简直不敢相信自己的眼睛。

“冷云姐，上次你不带我，这次我自己送上门来了，还不欢迎啊？”她嘟着小嘴说。

“你冷云姐一直都很惦记你，经常和大家说起你。这些日子你不在我们身边，都没人耍小孩子脾气了，我们还不习惯呢。”胡班长的话，说得大家哈哈大笑。

“冷云、秀芝，你们走后，咱们的小惠民可厉害了，不但会用机器做衣服，歌也唱得好，战士们都有点儿离不开她了。”

安大姐说完，随后介绍同她一起来的小姐妹：“都是刚入伍不久的，接到命令都争着要来。”

由于人手增加，做衣服的进度自然就快多了。冷云不再要求大家加班加点，有点闲暇的时间在一起说说开心的事。

最让小惠民开心的是，她在这里见到了日夜思念的“王皮袄”爸爸。

“王皮袄”是随部队一起来黑瞎子窑沟执行任务的，他也是很久没有看到女儿了。父女俩一见，小惠民哭得跟泪人儿似的。

这次见面，小惠民格外珍惜，父亲出去执行任务，小惠民都在营地里等着盼着，祈祷父亲平安回来。只要父亲一回到营地，小惠民都一定要过来看看，有时简单地说两句话，有时围着他问这问那。父亲知道妇女团任务重，不愿女儿在自己身边耗时间，总催着女儿回去干活。每次望着她矮小的背影，父亲都有说不尽的心酸。如果不是日军侵占了东北三省，如果母亲不被日军残忍杀害，她应该在温暖的家里，在母亲的身边，过着欢蹦乱跳的日子；应该坐在教室里与小伙伴读书写字。如今国难当头，少年早熟。自己是抗联部队的副官，女儿也是好样的，能经风雨！“王皮袄”的辛酸里夹杂着欣慰。

然而，连这样的日子也没享受多久。

一天，“王皮袄”和赵副官带着几十个战士出去行动，没走多远，就与敌人遭遇。敌人是来偷袭密营的。

“王皮袄”镇定地说：“老赵，你带你的十几个弟兄回去，赶快掩护伤员和妇女团的战士撤退隐蔽，我带着剩下的兄弟在这儿挡着鬼子。”

“不行，我不能走，你带你的人去掩护撤退，我在这里和敌人战斗。”

“别婆婆妈妈的，营地的情况你熟，快去组织他们，等我们把敌人收拾了，就去山后找你们。”

“王皮袄”命令道：“兄弟们，表现的机会来了，都尽量掩蔽好，等敌人靠近些再开枪。今天在这里遇到鬼子，算是咱的幸运，咱就好好给他们上堂课。”

“王皮袄”见敌人靠近了，朝着扛机关枪的日军就是一枪，日军应声倒下。顿时，战士们的步枪、手榴弹一齐打向敌群。

敌人这次来者不善，他们人多、装备精良。抗联战士打得十分艰苦。“王皮袄”命令大家分开阻击，以分散敌人的火力。他把敌人慢慢地向密营相反的方向引开了。

密营里战士们都慌乱地忙碌起来，药和食物是一定要带走的，因为这一走不知道还能不能回来。物资本来匮乏，加之居无定所，战士们必须尽可能地多带走一些生活必需品，这是另一种战斗。

翻越了两个山头，听不到枪声了，赵副官才让同志们停下来，吩咐扎营，等候“王皮袄”和战友们。这时候，小惠民才知道是父亲在后面掩护他们撤离，她不免有些担心，就在心里默默祈祷。冷云看出小惠民的心思，便安慰说："你爹枪法那么准，不会有事的，别太担心。"小惠民看看冷云，拼命地点点头。她想，大家都说父亲是神枪手，父亲一定会平安无事的。

等待是漫长的，直到天黑透了，才看到掩护部队的几个人步履沉重，情绪低沉地走来。

小惠民在焦急地等待中，当隐隐约约地看见返回的部队时，她就冲了过去。队伍里没有爹的身影，她急忙向抬着的担架上一看："爹，爹，爹……"惨烈的呼叫声，让在场的人无不伤心肠断。

自从抗日以来，她与父亲聚少离多，这次意外相见，却就这么快阴阳相隔。战士们围拢过来，姐妹们哭着劝慰惠民。冷云十分同情地说，让惠民痛痛快快地哭吧，把悲伤全都哭出来。冷云相信，惠民是一个勇敢坚强的孩子，凶残的敌人不会把她吓倒的！

"这是怎么回事？"赵副官含着眼泪问回来的战士。

战士们说："经过一阵激战，已把鬼子的嚣张气焰打下去了，本可以边打边向这边撤的，王副官说这样危险，硬是要带着大家往相反的方向撤，以便引开鬼子。他让兄弟们先撤，自己在后面掩护，不幸中弹……”

“王皮袄同志！”赵副官向他敬了一个庄严的军礼，所有的战士都跟着举起右手来……

那一夜，没有人睡得着，小惠民的哭声一直都没有停过，大家的心情无比沉重。冷云像母亲一样搂着小惠民，一直陪伴到天明。

第二天天一亮，惠民说：“冷云姐，我没事了，爹要是还活着一定不想看到我难过，所以我要快点儿好起来，继续战斗！”

她停了一会儿说：“记得我刚和爹出来抗日的时候，爹就问我怕不怕死，我说不怕。不起来抗日，才会被敌人打死，抗日了就不会死。那时候，我真的以为抗日不会死人。但是，我现在知道了，其实人都会死，但是为抗日而死，其实是在为亲人谋福。即使死的人不能享受那种幸福，但是活着的人能。可能过不了多长时间我也会死，但是有更多人能过上好日子，那不是也很好的吗？那就是爹想

要的，爹想要的就是惠民想要的，冷云姐对吗？”

冷云看着这个满脸泪痕的孩子，一把将她搂进怀里，而且搂得那么紧，生怕她再被什么伤害，连声说：“对对对，惠民说的都对，咱们继续坚持抗日，等赶走了日本鬼子，大家就都有好日子过了。”说着，再也控制不住压抑已久的感情闸门，抽泣起来。战争让人变得如此坚强，又如此脆弱。

部队又安全回到密营，战士们恢复了原来的生活。该出去行动的还是照常出去，妇女团的战士们继续忙着赶做军装。赵副官怕鬼子再来偷袭，就多派了一些人在前面的小山头站岗。

智勇察敌情

1938年6月的一天，从前线来了一位求援的同志，说是两天前，他们在桦树镇遭遇敌人的突然袭击，有很多负伤的战士等待救治，想请后方密营的医官和护士去救援。赵副官决定派王医官和其他几位同志前往。而王医官是密营里唯一懂医的人，他这一走，来回至少也是七八天的时间，营地里的伤员就只能依靠妇女团的同志护理了。妇女团的战士们按照王医官的嘱咐，每天按时给伤员上药，换药布，工作干得有条不紊。

王医官离开的第二天，一位叫雷子的战士中弹负伤，急需手术，危急时刻，从没有做过手术的冷云主动请缨，顺利地为雷子取出了身体里的子弹，挽救了他的生命。这事让赵副官激动不已，也一时成为营地里的佳话。

八九天后，王医官带着一批在桦树镇负伤的重伤员回来了。

王医官向赵副官打听他走后这段时间里医院的情况，赵副官笑了笑说："老王啊，这一路够你辛苦的了，赶紧休息，等你休息完我再好好给你说说这些天医院的事，你是不知道啊，你走后还真的有手术呢。"

"有手术？那伤员现在怎么样？快带我去看看。"说着就要拿药箱子走。

"现在已经没事了，赶紧去休息，休息完我给你讲。”

“赵副官，你不是不知道我的脾气，你话都说一半了，怎么能叫我安心休息呢。我跟你说，我不累，伤员不能及时得到治疗，我这心里放不下。快，带我去看伤员。”

王医官一边走，一边听赵副官讲冷云给雷子做手术的事。王医官简直不敢相信，妇女团有这么能干的人，这绝对不亚于自己当年刚来部队时的勇敢。但他还是不放心雷子的伤，愣是自己亲自检查了一遍才算罢休。

王医官看伤口处理得很好，而且已经开始愈合，他感到很欣慰。

突然，他又想起了什么："赵副官，还有件事想和你说说，咱去你屋说吧。”

“好！”说着，两个人就进了屋。

王医官说："在返回密营的路上，离我们密营10多里路的地方，发现了敌人的一个聚集点。由于有随行的伤员，又要急于赶回来救治，就没有仔细侦察，我们绕道过来了。”

“能确定有多少人吗？”

“不能，探路的战士看到有敌人，就回来通知我们走小道。”

“奇怪，这两天出去巡逻侦察的并没有看到敌人的踪影，这伙人是来干什么的呢？”

“不知道，看样子不像是有什么行动，好像在等候什么。如果要是等外援的话，那我们可能就处在危险之中了。最好能派两个战士过去先摸摸底细，再布置行动，这样能避免不必要的损失。”

“你说得对，一会儿我就带两个战士过去看看，你把地图画给我。”

“好。”王医官找来笔和纸画了起来。

当赵副官带着两个战士正要出发的时候，碰到冷云她们洗衣回来。他向冷云简单地说了一下情况，并叮嘱她要加强营地里的警戒。冷云听后，马上叫住了他们。

“赵副官，我看还是我们去吧。”

“你们去？这是侦察，很危险，你们没经验，我们几个去就行了。”

“赵副官，你听我说，现在敌人未必知道我们这儿是后方密营，你去了反而容易暴露目标。而我们去就不一样了，我们可以假扮成逃荒的难民，这样可以深入敌人的聚集地去侦察情况，也不容易暴露。百姓逃荒是很正常的事，像你这样拿着枪去侦察才真有危险。等我们摸清敌人的底细，再组织大部队行动，这样才能有力地打击敌人。”冷云说着，脸上还洋溢着微笑，这是她几年的地下工作养成的思考方式，听起来真的是有一定的道理。

“不行，这样太危险了，我不能让你们冒这个险。”

“赵副官，你现在不也是冒着危险去侦察吗？而且我的办法能让这危险降低，为什么不尝试一下呢？我知道你担心我们的安危，可是我们也是抗联战士啊，做这点儿事情算什么呢？如果你现在去，我们的整个密营都可能跟着陷入危险之中。我们去，情况就乐观得多。”

胡秀芝接过冷云的话：“我也同意指导员的这个办法。赵副官，我陪着去，有什么情况我们也好有个照应，你在家安排作战准备，我们摸清情况就回来，我想不会有什么意外的。”

“我也去。”胡班长的话还没说完就被小惠民打断了。

“不行，你不能去，这是在执行任务。”不等小惠民说完，胡班长就给否决了。

“为什么？带着我，你们才好掩人耳目呢。你们想想，你们现在只是想好了自己去合适，但是你们还没想好万一被鬼子抓到后该怎么脱身。”

“呦，怎么脱身你都想好了。”胡班长不禁被这个小惠民的口气震住了，大家也都惊奇地看着她。

“那当然，你们不要扮成逃荒的难民，逃荒的人怎么不往屯子跑，要往鬼子的聚集地撞呢？我觉得应该扮成去外地寻亲的。”惠民自信地说。

“寻亲？”大家几乎是异口同声地惊呼。

“对啊，你们就说死了丈夫，婆家人也都遭害，是回娘家求生的，敌人看你们赶路也就理解了。”说完，大家都笑起来。

“小惠民，行啊，这个你都能想到，厉害！”没想到第一个说这话的会是赵副官。

“那当然了，我不是孩子，我是抗联战士。”说完大家笑得更厉害了。每次不让小惠民参与战斗，她总这么说，硬装自己是小大人，不过她这个理由编得的确精彩，大家都觉得这是个好办法。

“那你也不能去，人家是死了丈夫和家人，回娘家，你是干吗哩？”笑过之后，赵副官还是不同意她参与这次侦察任务。

“我？我就不能陪着嫂子回她娘家？我家人都死了，嫂子要回娘家，她看我可怜就要带着我一起回去。”说着就入戏了，眼泪在眼睛里开始打转。

“这就开始啦？”赵副官有点儿惊奇小惠民的反应。

“赵副官，您就让我去吧，这个办法可是我想出来的，您就给我一个机会吧，我保证一切行动都听冷云姐和胡班长的，求您了！”说着就拼命地摇着赵副官，那样子分明就还是一个孩子嘛。

冷云看小惠民的倔劲儿又上来了，这个办法又是她想出来的，这次肯定是非带着她不可了。

“好吧，赵副官，这次就让惠民跟着去吧，我们看着她，不会有事的。”冷云刚说完，小惠民就高兴地跳起来。看着她的开心劲儿，赵副官也只好同意了，嘱咐了一下大家该注意什么，就急着找了几件村民的衣服和包裹给她们换上，然后送她们上路了。

临走前，冷云对赵副官说，如果第二天傍晚前她们 3 个还没有回来，那就可能是出了意外，部队应赶紧撤离，也不要回去找她们。

她们一路照着王医官画的地图前行，翻越了两座不大的山，穿过了几片森林和几道河，太阳偏西的时候，她们在一个山脚下看到了敌人的聚集点。3 个人先是趴在山坡上观察了一会儿，有几个鬼子在那里来回踱着步，还有十几个伪军守着身后的帐篷。看起来不像是来偷袭抗联队伍的，倒像是在等什么人来取东西。为了能进一步观察帐篷里是人还是物资，她们 3 个商量要冒险下去探个究竟。

“干什么的？”还没等她们靠近，一个伪军就向她们大声吼斥，还举起手中的枪，示意不要再靠过来。

冷云她们 3 个赶紧停下脚步，互相挽在一起，装出极害怕的样子。鬼子看她们没有说话，就派一个伪军过来问话。

“皇军问你们是什么人？”伪军围着她们 3 人

转了一圈。

“我是后岗子人，因为丈夫和婆家人都死了，我准备回前岗子娘家去。”冷云一边说一边躲闪。

“那你们呢？”伪军听完，就把目光盯着胡班长和小惠民，还没等胡班长反应，小惠民“哇”地就哭了，还边哭边说：

“我爹娘，还有哥哥都死了，嫂子要回娘家，她看我可怜才要把我带到她娘家去。”一时间小惠民哭得像泪人似的，弄得冷云和胡班长都有点儿不可思议，为配合惠民的哭诉，她俩都不约而同地低下了头，装成难过的样子。

“好了好了，别哭了，又不是大爷害死的，在这里哭啥？怎么走到这儿来了？”

“这咋了？不让走吗？”胡班长装不知。

“废话，这是皇军的地盘，是能随便走的吗？”

“长官，俺们不知道，俺已经几年没回娘家了，都不知道这路在哪儿了。长官，去南岗子从哪儿走啊？”冷云看伪军有点儿要火了，赶紧打岔。

“那个方向。”说完，懒懒地比画了一下。

“赶紧走，否则把皇军惹火了，你们３个命都得留这儿。”冷云眼瞅着伪军有点儿不耐烦了，可是帐篷的帘子一直没拉开过，里面到底是什么也没有弄清楚，怎么才能制造机会接近帐篷呢?

突然，帐篷里传来一个厚重的声音，伪军急忙转身向那边望去，只见一个男人从帐篷里钻了出来，因为身体肥胖，出来时把帘子拉得很高，冷云她们赶紧透过帘子口往里望，发现里面装的的确是物资，帐篷里还有几个日军好像在研究什么。这边的伪军和那边的日军说完话，转过脸来吼道:“看什么看，还不赶紧走。”

她们收回目光，冷云挽着胡班长和小惠民顺着伪军指的方向走去。情况已基本弄清楚了，加上外面的日军有三四十人，不像是来偷袭的，应该是在等什么人来取这些物资的。想到这些，她们加快了脚步，赶快回营地去报告，一定要在敌人的援军到来之前缴获这些物资。

天还未亮，3 个人就回到了营地。这一夜的山路，害得她们的裤子都被露水打湿，衣服也被汗浸透了。她们直接去向赵副官他们作了详细汇报。听完冷云的汇报，大家都高兴坏了，这次不仅能消灭一批日伪军，还能缴获不少物资。

赵副官立即对行动作了部署和安排。冷云她们3人没有参加，决定让王医官去带路。根据妇女团的强烈要求，其他战士都参加了这次战斗。

傍晚，冷云和秀芝、惠民迫不及待地跑到山前等候凯旋的部队。

“赵副官，怎么样？”还没等赵副官走到跟前，冷云就急切地大声问道。

“哈哈，看看我们的大部队就知道了，鬼子都被消灭掉了，而且物资也都带回来了，快看看他们抬的东西吧。”

“太好了！今晚我们得好好庆祝一下了。”

03 三千里路云和月

西征遇强敌

日军的物资聚集点被摧毁后，敌人一定会恼羞成怒进行报复。这里不能长留了。于是，赵副官和冷云、王医官等人一起研究决定暂时撤离。他们一边派人给军部送信报告这里的情况，一边组织大家做撤离的准备。

很快接到军部命令，要求妇女团和青年义勇军速回刁翎县，与那里的抗联部队会合，一起去开辟新的游击区。第 4 军被服厂的安顺福等女同志也都加入第 5 军妇女团。留下赵副官带领部分同志继续坚守密营。

1938 年 6 月下旬，冷云带着妇女团和青年义勇军的队伍出发了。为了能早日到达目的地，他们马不停蹄地赶路。晚上，实在走不动的时候，就找一个靠近水源的地方，生火煮点儿东西吃，打个盹儿，又继续前行。经过五六天的艰难跋涉，终于到达刁翎县莲花泡。

到了这里，冷云才知道此次的任务是执行《中共吉东省委下江特别委员会扩大会议议决案》精神，为冲破敌人对依兰、勃利、桦川、富锦、宝清等地的军事“讨伐”，跳出敌人包围圈，粉碎敌人将抗联部队“聚而歼之”的图谋，由抗联第二路军主力部队向西南方向的五常、舒兰进行远征（史称西征），以达到“旧区新活动，开辟新方向，脱离敌人围攻，贯通南满热河方面军游击的联系，牵制扰害敌人后方”的目的。

6月29日，东北抗联第二路军第4军、第5军领导人在莲花泡附近的后方密营召开联席会议，研究远征的行动计划。具体是：将西征部队分为3部分行动。以第5军1师150人为一部分，由第5军1师师长关书范负责；以第4军1师和第5军2师260人为一部分，由第4军军长李延平、

第5军政治部主任兼第2师师长宋一夫负责；以第4军2师和第5军教导团及救世军270人为一部分，由第5军军长柴世荣、第4军副军长王光宇负责。参加这次西征的部队共由680多人组成，从不同方向集结而来。妇女团的干部战士共30多人，随第5军1师行动。冷云担任指导员，杨贵珍被提升为班长。

会议结束后的第二天，部队就踏上了西征之征程。经过三道河子，越过老爷岭上百里的深山密林，于7月12日晚，到达苇河县（今尚志县）楼山镇。这里是日本侵略者掠夺东北森林资源的一个重要木材采伐场所，敌人毫无察觉，也无防备。柴军长根据侦探到的情况，决定出敌不意地进行袭击，以夺取武器和补充给养。凌晨，在当地抗日武装王荫武领导的救世军的配合下，西征部队顺利攻占了楼山镇，共歼灭日本关东军木材采伐机关、一个伪军中队和守备森林铁路的白俄伪警察中队、伪自卫团武装等共300多人，缴获大量武器弹药和军需物资，烧毁敌人的铁路桥梁和通信设施。

天亮之后，妇女团的战士们在镇中心最热闹的地方搭了一个简易的小台子，组织抗日宣传。

宣传活动一开始，妇女团的战士就走进民众当中，给老百姓讲日本侵略者侵华的卑鄙行径和伪军叛国投敌的丑恶嘴脸，帮助大家清醒认识，鼓励民众不能一味地忍让，要勇敢地站出来，支持抗日，参加抗日，消灭日伪军。人民群众的热情很快被激发起来，伐木工人、农民和商人纷纷加入支援抗联的行列，帮助部队送粮食、运物资弹药。

楼山镇战斗也惊动了敌人，敌人很快打探到抗联西征部队的行踪，立即派出大批日伪军从四面八方涌来，将西征部队包围，拼命阻止抗联部队西征，并企图一举消灭。面对强敌，西征部队领导研究后决定，部队分散突围。

柴军长带着教导团返回刁翎游击区，第 5 军第 1 师、第 2 师和第 4 军由宋主任和关师长率领，继续向哈东五常方向开进，妇女团跟随西征的队伍。

哈东地区原是抗联第 3 军的游击区和根据地，但在 3 年前第 3 军主力已离开这里。此时，敌人在这一地区普遍建立起“集团部落”，采取严密统治措施，西征部队进入该地区后难以得到群众的支援。又因路不熟，第 4 军和第 5 军第 2 师部队曾一度误入延寿县境内，多次与敌遭遇，部队损失惨重。

这一年，雨水特别的多，战士们又没有防雨工具，几乎每天都被雨水淋得浑身透湿。为防止敌人突然袭击，也不能停下来生火烤一烤，时间一久，很多同志的身上长起了湿疹，汗一出疼痛难忍。而女兵们承受的艰难要比男战士们多得多。

敌人投入“围剿”西征军的兵力越来越多，使用的办法也越来越凶残。每天都会看到敌人的飞机在抗联部队可能活动的区域上空盘旋侦察，发现人的踪影，立即进行轰炸扫射。

这一天傍晚，部队进入苇河境内，不远的山凹处隐隐约约冒着炊烟。该不会有敌情吧？关师长命令两个战士前去侦察，部队原地休息。

大家刚坐好，小惠民就问身边的冷云：“冷云姐，会不会又要打仗了？”冷云知道，这样高强度的行军，对这个 13 岁的孩子来说，的确有点儿艰难，更别说是战斗一场接一场。

“不会的，你过来靠一会儿。”冷云说着，顺手帮她整理了一下衣服。“还湿着呢，冷不？”

“冷云姐，我没事，已经不觉得湿了。”

不一会儿，侦察的两个战士回来说，前面是个小村庄，不是敌人。宋主任和关师长看了看四周围坐的战士，一个个疲惫不堪的样子，忍饥挨饿已经好几天了，于是，决定在这里休息一晚上再走。

关师长吩咐号称神枪手的铁子带几个战士去打几只野兽回来给大家补补体力。又命令部队进入村庄后，不要惊扰百姓，借好锅、碗，在外面扎营。

抗联战士来到村庄时，全村老百姓都十分热情。他们早就听说过抗联，知道是专门打日本鬼子的队伍，是帮助老百姓的军队，所以，很情愿地拿出自家的锅碗给战士们使用，有的还把自家的粮食蔬菜拿出来送给指战员们吃。

战士们实在是太累了。有的生起火，赶紧把湿衣服和鞋子烤一烤，有的倚着树就睡着了。关师长心里还是不踏实，特别加强了岗哨，还找来老乡询问这里来过鬼子没有。老乡都说，因为这里地靠森林，还从来没有来过鬼子。这才让他们放下心来。

不到半个小时，铁子他们拖着两只狍子和一只野猪回来了，战士们一看战利品，赶紧加烧了几口锅，好让饥肠辘辘的同志们美餐一顿。大家在期盼中闻着不断从锅里飘来的肉香味，正准备分享时，哨兵急急忙忙跑过来报告：

“师长，发现有敌人来了。”

“有多少？”

“不知道，密密麻麻的看不清。”

“同志们，别吃了，赶快撤退。”说完，师长留下少部分兵力掩护和牵制敌人，指挥主力部队迅速往西撤离。

妇女团的杨贵珍、黄桂清、郭桂琴几个女战士，实在是舍不得就要到口的狍子肉，她们找来几只篮子，赶紧装上这些还未来得及吃的肉，拎起来吃力地跟在部队后面奔跑。

不远处有一片茂密的森林，部队迅速进入林子，敌人追到林子边，又不敢往里钻，就架起机关枪、小钢炮对着林子猛射猛轰。

“看来敌人已经知道我们的行踪了。”宋主任边走边说。

“是啊，我们不能在这里停留了，今晚必须走出这林子，天亮以后敌人可能就要搜山的。”

关师长又命令道：“传令，继续前进，后面的迅速跟上。”

冲河再分兵

1938年7月30日，西征部队为躲避敌人的追击，进入了一面坡南部的大青川。这里人烟稀少，到处都是原始森林，鬼子和伪军也很少在这里出没。这时，战士们已经是极度疲惫，加上长时间的饥饿，实在是走不动了。关师长看在眼里非常心疼，与宋主任商量，部队在这里休整几天再前行。

听到就地宿营的命令，战士们就地一躺，不想动弹。冷云不顾劳累，带领胡班长、桂琴、贵珍、凤善等女兵们，立即分头到各处为战士们检查伤情。由于不停打仗和急着赶路，受伤的战士都没来得及治疗，有些战士的伤口因为没有及时处理已经泛白，这是雨水和汗水浸泡的结果。

杨贵珍检查时，发现一位小战士的双脚红肿、血肉模糊，不由地惊叫了一声。

“怎么了？贵珍？”冷云赶紧靠了过去。

“叫你小声点儿，你咋还喊上了？”小战士没好气地埋怨。

小战士的双脚红肿得可怕，脚上都是大血泡，有的已经破了，脓血模糊一片。他的脚还是扁平足，最怕长途跋涉。

“我说没事，你非要看，现在好了，所有人都知道了。”小战士一边说着，一边拿起鞋子就要穿。

“别穿，给我看看。”冷云抬起小战士的脚放在腿上。

“指导员，我没事，一点儿都不疼。”

“你的脚都被你弄麻木了，你当然觉得不疼了，再不处理就废掉了。”冷云用清水帮他清理了脓血，挑破了血泡，上了点药包扎起来。但是包完后，他原来的鞋子无论怎样都穿不上了，这时候一直在旁边看着的一位老兵忍不住了。

“穿我的吧，我的鞋比他的大多了，我们换一

下。”说着就把自己的鞋脱下来。

“不行，你穿不上我这鞋的。”小战士赶紧阻拦。老兵没有说话，把鞋换完，拿着那双小鞋就走了。

西征的战士们围着几堆篝火，烤着潮湿的衣服，无精打采地聊着天，不一会儿都进入了梦乡，同志们实在是太累了。冷云带着女兵们巡查了一遍后，也都带着疲惫的身子，席地一卧就睡着了。

天刚蒙蒙亮，关师长就醒了。一看，昨晚还在一起的宋主任不在身边。这几天宋主任为部队的事总是上火，吃不好睡不好。关师长不免有些担心，他起来围着部队休息的地方转了一圈也没看到宋主任的身影，心里正纳闷，警卫员跑过来报告：

“师长，有几个战士不见了。”

“看你这紧张的样子，是不是宋主任带着他们找食物去了？”

“师长，不像。他们是带着武器走的，而且……而且宋主任昨天把放在我这的部队活动经费要去了。”

“什么时候？我怎么不知道。”

“他说和您商量过，说是放在他那儿好，我也就没……”还没等关书范说话，警卫员接着说：“他们都是带着匣子枪走的，该不会……”话说到这儿，就被关师长的眼神制止住了。这些都只是猜测，他不想在还没有弄清事实的时候，就冤枉一个好人，更何况他们是一起出生入死、共同奋斗多年的老战友。他怎么肯相信？怎么能相信？他在想，如果一切和预料的一样，那该怎样向战士们交代？怎样和一起西征的弟兄说起？想到这些，他的心都冷了。

他叫警卫员先回去，自己坐在山坡上抽起烟来。

该来的总是要来的，既然来了就得面对。战士们知道这些，心里肯定不好受，可是如果不和战士们说清这些，不知道哪天还会有战士就像他这样离开。如果真的是投敌了，那不仅他们的努力都白费了，而且部队将面临着更大的危险。

回到休息的地方，战士们都醒了，正在整理行装。大家和往常一样，并没有察觉到发生了什么。

关师长表情严肃地走到大家面前，和战士们打着招呼，然后大喊一声："集合。"大家随着口令站好队。

"同志们，今天，我关书范和大家说几句掏心窝子的话，咱都知道，现在日本鬼子想要霸占咱的家，要咱的命，想让咱们一辈子受他们的奴役和压迫。咱出来打仗为了啥？不就为了能早日摆脱这种困境，早点儿过上好日子，早点儿和咱家里的老人、孩子团聚吗？鬼子现在'归屯并户'，就是想把咱们饿死、困死、累死。现在咱西征又为了啥？就为了和关内的八路军联合，更有力地打击敌人，打破敌人的这个妄想。现在苦点儿、累点儿，我知道，但最起码你是在为这个国家奋斗、为百姓奋斗、为你自己奋斗，就是死也值得！但话说回来，如果哪位同志真的受不了了，你可以走，我不勉强留你，只要你不干投敌卖国的勾当，你做什么都可以。我关书范今天就把话放在这儿，谁愿意和我继续抗日，咱就继续西征。不想跟着部队继续受苦的，就把武器交上来，你爱去哪里就去哪里。"

关师长说得有点儿激动，他话音刚落，战士们的情绪也高涨起来。

“关师长，俺就跟你干了。”这是第1师的一个神枪手在说。

“我们就跟着你干。”大家纷纷响应起来。

“好！我关书范决不会辜负大家的厚望，咱以后就一起好好干，狠狠打鬼子，我就不信赶不走狗日的小日本儿。”

宋一夫的叛变，给西征部队造成极其严重的后果。敌人从他口中得知抗联第二路军西征的部署和兵力后，为彻底“剿灭”西征部队，从哈尔滨、长春等地调来日军主力500多人和装备精良的伪军2500多人，会同当地日伪军守备队，在飞机的配合下进行围追堵截。

西征部队的处境更加艰难，缺粮断炊是经常之事，干部战士饥肠饿肚，艰难与敌周旋。8月10日，西征部队先后袭击了珠河县一面坡车站附近的“集团部落”，苇河县沙河子、九里地等地森林火车站及“集团部落”，但均因敌人的军事力量强大而未能成功，只是补充了部分给养。

8月15日，西征部队到达五常县冲河地区，这时敌人不断增派重兵对各路口进行严密封锁，同时派遣小分队不停地进行“追剿”。在攻击大青川、冲可东岸敌人木业采伐场等多次战斗中，西征部队伤亡惨重，部分队员与大部队失散，造成部队大量减员。面对敌人的进攻日益猖獗和频繁，这样几百人的队伍目标也太大。于是，第 4 军和第 5 军西征部队领导人讨论决定再次分兵活动，第 4 军的部队沿东南方向行动，第 5 军的部队继续西征，妇女团的 20 多人跟随第 5 军行动。

惨痛的突围

第 5 军西征部队 200 多人，在关书范师长的带领下继续向西挺进。一路上，大家几乎都没怎么说话，心里总有千言万语不知道怎样表达，但他们心里是清楚的，不赶走日本鬼子，誓死不休。

分兵以来，敌人的围堵更加疯狂，每天仍然不断出动飞机在空中搜寻目标，见到人影就俯冲轰炸，晚上还经常有小分队出来偷袭。战士们白天只能在树林里穿行，也不能生火，到了夜晚，还要等到敌人都睡了的时候，才能扎营，烧点儿开水，顺便烤烤身上潮湿的衣服。

1938年8月底的一天，关师长带领第5军的同志们又跋涉了几十里山路，行军的队伍拉得很长。师长看大家都已经累得东倒西歪，实在坚持不住了，就让警卫员通知大家在这个树林原地休息，等到天黑了再赶路。战士们纷纷靠着树干，正准备好好休息一下，没等屁股下的泥土捂热，放哨的战士就望见不远处的树隙中有人的身影在活动，仔细一看，是穿黄色军装的日军。

哨兵以最快的速度冲过来报告：“师长，鬼子。”

“有多少？”

“没看清，怕是大部队。”

“敌人在森林里追我们，看来是有计划的，通知大家赶紧往后面的山上撤。”师长命令道。

听到命令，战士们不顾疲劳，奋力向后山上撤退。敌人穷追不舍，追出了几里山路，最终被甩掉了。关师长收拢部队，召集干部商量说：“同志们，敌人刚才偷袭未果，一定会继续跟踪。我们不能按照原来的方向走了，换个方向，绕道去东南山。”

大家同意了师长的分析，立即组织大家往另一条更陡的山路走去。

他们以为这样可以避开敌人的追击，不料闯入了敌人的一个聚集点。这条道路的改变，也彻底改变了整个西征计划。

战士们翻过了几个山头，只见四周一片寂静。这时，估计已经是夜里 12 点左右，应该不会有敌人出没，大家才停下来扎营休息。

秋天的夜晚已经很凉，更何况这里是大山深处，冷风从四面八方吹来，吹在战士们被汗水浸透的衣服上，冻得战士们直打寒战。大家实在太累，不一会儿都沉沉地睡去了。呼啸的山风掩盖了战士们的鼾声，谁也记不得他们熬了多少个这样的夜晚。

天刚放亮，战士们都醒了，看到衣服又被露水打湿，但是睡了这几个小时，也感到是弥足珍贵。

“师长，我们去采点儿蘑菇、野菜，熬点儿汤喝。”

“不要走太远，快去快回，顺便看看有没有野葡萄，好久没吃到盐了，那东西有咸味，要是有就弄点。”

“好。”警卫员小赵答道。

不一会儿，出去采蘑菇的警卫员急急忙忙地跑回来报告说，发现附近有敌人的一个据点，有不少的日军和伪军。

有人立即提议说，我们不能总是被敌人追着跑，不如去打下这个据点，补充一些给养。

“好！”关师长十分赞同。他正要下达命令，不料敌人已经围上来了。

原来是两个伪军被派到山上来打猎，正在他们苦于没有猎物可打的时候，发现了抗联队伍的行踪。于是回去报告，敌人出动据点全部兵力将他们包围了。

面对从四面八方围了上来的敌人，关师长只好带领大家向后山突围。

敌人断定关师长是个头目，就集中兵力压了过来。警卫员小赵看到敌人围向关师长，夺过身边机枪手的机枪怒吼道：

“来吧小鬼子，老子和你们拼了！”他一边挡在师长的前面奋力向敌人射击，一边大声喊道：“师长，您快撤，这儿有我顶着，快，快撤。”

关师长在其他几个战士的强力掩护下撤到一块大石后，回头一看，警卫员小赵倒在了血泊中。

“小赵，小赵……”关师长撕心裂肺地呼喊着。这时，冷云也赶了过来：“师长，不能再耽搁了，快点儿撤。”她让几个战士硬把关师长拽走了。

敌人发疯似的向这边进攻，抗联战士们拼命地向后山突围。妇女团的女战士们一边顽强地进行抵抗，一边为负伤的战士实施救护。残暴的敌人对女战士也毫不手软，许多女战士相继倒在了敌人的枪口下。班长胡秀芝悲愤万分，她什么也不顾了，端起步枪，对准冲上来的敌人猛烈射击。

“不能这样了，秀芝，这太危险，赶紧撤吧。”冷云和贵珍又拽又拖地才把她拉走。

战斗持续了两个小时，许多抗联战士倒在了敌人的枪林弹雨中，永远留在了这白山黑水间。

突围出来的战士不停地奔跑着，连续翻越了几座山，才逃出了敌人的包围圈。在一处山坡上的林子里，关师长让大家停下来，并派人去收拢被打散

的战士。一直等到天黑，逃出来的战士才陆续聚集到一起。师长让清点一下人数和武器。此时的西征军仅剩 100 多人，妇女团只有 8 个姐妹了。胡秀芝含着眼泪，怎么也走不出这场残酷战斗的阴影。

武器也只剩下一挺机关枪，一些步枪和短枪，手榴弹也没多少，子弹所剩不多。数月来的奔波劳累，加上没有食物，没有休息，还要不断地应对敌人的偷袭和追击，这支部队已是遍体鳞伤了！下一步该怎么走？关师长一直低着头，一句话都不说。

“关师长，您别难过。”冷云走到师长身边，打破了这死一样的沉寂。

冷云继续说：“关师长，我觉得您现在不应该难过，而是要想办法，怎么把部队带出去。咱们现在面对着巨大的困难，大家都还指望着您想办法，重振队伍啊！”

“冷云，你说得对，我们应该想想接下来的路怎么走，现在部队需要我，大家需要我，谢谢你的提醒！马上开干部会议，讨论下一步的打算。”

冷云又来到秀芝的身边：“秀芝，咱不能太难过，咱还得继续打鬼子。现在妇女团就剩下 8 个人了，她们的性命都在咱身上，咱要是有个啥，她们怎么办啊？振作起来，一会儿和师长讨论接下来的路怎么走。”

干部们都来到师长身边，召开了简单的会议。

关师长说：“叫大家过来就是想听听大家对接下来的行动有什么看法。”大家沉默了一会儿，1 团团长最先说话：“现在鬼子明显已经嗅到了我们身上的味道，这样走下去，恐怕很难摆脱。”

“咱现在要是去找杨靖宇将军的部队，恐怕要冲过敌人的重重包围，以现在的兵力来看绝对不适合突围啊！”2 团团长说着叹了口气。

“大家分析得有道理，你们说的就是我想说的，所以我想带着大家原路返回找 5 军。”

“回军部？”大家都有些吃惊。

“是的，现在面临的情况太不乐观，无论是兵力还是火力，我们都有些扛不住，继续前进只能是伤亡更惨重，倒不如按原路返回找军部，论地形我们更熟悉，论兵力敌军未必会有这么多据点，而且找到军部以后，更有利于我们队伍的整顿。”

“我同意关师长的意见。”

“我也同意。”

“既然大家都同意，咱们就带着部队原路返回。”

“通知大家做好准备，一会儿就上路。”

这一路上大家都没怎么说话，只顾着低头赶路。

艰难的前行

过了横道河子的铁道，没走多远就是海林县的后沟，夜幕降临，大家决定在这里休息一晚再前行。

晚上，大家围着几个火堆烤着火，谁也不说话。关师长看着大家疲惫不堪，心情沉痛地说：“同志们，大家这一路都辛苦了，我关书范看在眼里疼在心上，现在回军部的路还很远，可能还会遇到很多困难，甚至更艰辛，我不能强迫大家跟我走，现在谁想离开，我都不拦着。”

“关师长，您说的是哪里的话？抗日又不是您一个人的事。”冷云有点儿生气地说。

“师长，我们跟着您走，是因为我们想抗日，想打鬼子，这吃苦受罪和您没有关系啊。”胡班长情绪也有点儿激动起来。

“冷云和秀芝说得对，我们谁也不离开，就跟着您继续找军部。”1团团长表态说。

“弟兄们，咱军的女战士都没有装熊的，大老爷们儿更不能丢脸，有没有信心继续找军部？”

“有。”声音从几个方向传来，在整个行军过程中很久没听到这样震撼人心的声音了。

关师长听了大家的话，眼睛有些湿润。他很感激这些人为革命所作出的努力和牺牲，他为自己的队伍感到骄傲，感到自豪。他也有些激动，站起身来，看着大家说：

“弟兄们，我谢谢大家的坚持，谢谢你们这么长时间以来的不怕苦不怕死，有你们的支持和努力，我相信咱们很快就能找到军部，和兄弟部队一起把抗日的斗争进行下去，直到把日本侵略者都赶出中国。”大家欢快地鼓起掌来。

这一晚，战士们睡得很香、很沉，忘记了寒

冷，忘记了疲惫。第二天一早，部队又整装出发了。

接近中午，终于走到了海林县柴河镇佛塔密沟，这里原来居住着100多户人家，本打算赶到这儿能找些吃的，但整个村庄荒无人烟。战士们实在迈不动脚步，干脆瘫坐在地上，就地休息。

从佛塔密沟再往北走，就是头道河子，那里离半拉砬子渡口很近，关师长想从那儿过牡丹江，继续北上，就可以回到刁翎找军部了。

到了渡口，发现岸边正停着3只船，20多个日军正在岸边吃东西。战士们一看，这真是老天爷送的礼物。大家趴在岸边观察了一会儿，发现只有这些日军，没有大部队的迹象。于是，战士们拿起武器，怒喊着冲了过去。敌人看到有抗联队伍杀过来，立即组织还击。跑在前面的战士有几个被打倒了，其余的战士飞快冲到岸边，与日军进行搏杀。看到了生的希望，战士们使出了浑身的力量。不到半小时，敌人全都被消灭。他们安葬了牺牲的战友，等到天黑时，乘上3只船，朝着牡丹江对岸划去。

“师长，这儿离刁翎不远了吧？”胡秀芝问。

“不远了，估计用不了几天就能到，希望咱们的军部还活跃在那一带啊。”关师长不免有些担心，自从和第4军分兵之后，再也没有军部的消息了。

晚上，河面上不断地吹来一阵阵冷风，坐在船上的战士们感觉透心地凉。战士们一个靠一个地紧紧挨在一起，也不能减少一丝寒冷。

船终于靠岸了，战士们赶紧下来活动活动手脚。小惠民跺跺脚，高兴地喊着：“我的脚是好的，还以为冻掉了呢。”大家听后哈哈大笑。

为了避开敌人的耳目，他们故意把3只船推向河里，希望它们漂远一点儿，不让敌人发现曾经有人在这里靠过岸。一切都办好了，战士们又上路了。

忍着饥饿，顶着寒冷，拖着疲惫不堪的身子又走了几十里路，实在走不动了，就歇下来，随便找点儿树皮什么的充充饥。

“同志，起来走走，活动活动，这样不行啊。”冷云看到一位小同志面色苍白地靠着一棵大树，闭着眼睛不知道是睡着了，还是昏死过去了。冷云上去拉了拉，战士的嘴微微地动了动，但没有说出话来。

冷云把手放到他的鼻子旁，发现还有呼吸，但非常微弱。再仔细地打量这张脸，黝黑的皮肤，还能看出稚嫩的模样。脸上有好几处划伤，混合着汗水的灰尘布满了这张脸。小战士袒露在外的胳膊有些浮肿，冷云卷起他另一只胳膊的袖子，发现也是一样的状况，再看看腿，肿得更严重。冷云痛心地瘫坐在地上，她知道这是长时间赶路、营养极度不良所致的，她忍不住落泪。这是一个多么坚强的孩子啊，一直跟着大部队翻山越岭，出生入死，到现在为止都没有喊过一声累，更别说放弃。冷云心里像针扎一样疼，她不知道有什么办法能改变这种状况。

冷云一哭，贵珍也跟着掉泪，和敌人面对面拼杀的时候，被鬼子包围的时候，她们也没掉过一滴眼泪，而此刻，看着这个满身浮肿、奄奄一息的孩子，却禁不住心疼地掉下泪来。

部队还要继续前行，体力稍好一点儿的战士架着或轮着背起受伤的战友，慢慢地往北前行。大家心里都有一种期盼，趁敌人没有追来的时候，多走几里地，也就离军部更近一点儿了。

04 血染乌斯浑河

最后一程路

转眼到了 1938 年 10 月中旬，西征部队于 7 月 1 日从莲花泡出发，一路向北再向西，后又沿着一面坡、经苇河向南，与敌不停地战斗和周旋，历时两个多月，行程几百公里。决定回师后，又沿牡丹江向北艰难前行，围着海林县绕了一个圈，此时，抗联战士们已是疲惫至极。

一天，又赶了一夜的路，冷云看大家都有点儿支持不住了，便提议道：“关师长，停下来休息一下吧。”

“再坚持一下，前面不远就是山东屯，咱们顺便去那里找点儿吃的。”

“好，那我和大家说一声。”冷云跑到队伍中间喊道：“同志们，再坚持一会儿，前面不远就是山东屯，到了那里咱们一起歇。”

战士们听后，像是又有了力气，整整背包，继续往前走。没走多长时间，一个不大的村庄就进入了大家的视线。

山东屯是这附近为数不多的一个村庄，曾遭受过日军的扫荡。村头站岗的小伙子看到有部队正往村子这边走，还以为是日军又来了，赶紧往屯子里跑。他边跑边喊：“鬼子来啦，鬼子来啦。”

一个老汉正好迎面走过来，一把将他拦住，打断他的话说：“什么鬼子，你没看到那是灰色的军装吗？那是咱抗联的队伍。”说着，老汉就朝着部队走来的方向迎去。

“李大叔，好久不见了，您老人家可好啊？”关师长看到老汉走过来，连忙伸出双手。

“呦，还没看出来，是关师长吗？”之前关师长带队伍来过这边，还在山东屯住过几天。那时候乡亲们知道他们是打日本鬼子的，都特别热情，争着抢着让战士们到自己家住。

李大叔看了看队伍，觉得有点儿不对劲，个个都面黄肌瘦，显得有气无力，似乎很久没有吃过东西，没有休息似的。再看看大家这一身破旧脏乱的衣服，难道是打了败仗？不禁心中一颤。

“这……你们是怎么啦？”李大叔不解地问。

“我们是去西征的，但一路上都遭受敌人的追击，伤亡很惨重，队伍快撑不下去了，所以准备回刁翎找军部，再做打算。没想到走着走着就走到山东屯来了。”关师长说着还笑了笑，可是李老汉听得却差点儿掉下泪来。眼前这些战士在他眼里还都是孩子，为了祖国，为了抗日，每天都要面对危险，没得吃，没得穿，都饿成这样了，让他怎么能不难过呢？

“来得好，来得好，到这儿就是到家了，赶紧让娃们回家休息，我让乡亲们去准备饭菜，好好在这养两天。”老汉连忙喊住那个小伙子。

“虎子，快去告诉你李大娘，说关师长的队伍来了，让她赶紧找人把家里的猪杀了。”

刚说完，他又补充道：“再去通知村长，说抗联部队来了，让各家把炕都烧热，让战士们好好地睡会儿觉。”

“好嘞！”小伙子爽快地应了一声，风一样地跑没影了。

“李大叔，您客气了，家里的猪还等着卖点儿过年的钱呢，不能就这样给我们吃了啊。”

“卖钱？卖什么钱？鬼子一天不走，俺们就一天过不上消停日子。”

“对了，李大叔，最近鬼子有动静吗？”

“唉，半个月前来过一次，问有没有共产党的消息，大家死活都没说，他们看拿大家没辙，抢点儿粮食就走了。”

“哦。”关师长话音刚落，李老汉赶紧说：“瞧我，在这儿说啥？走，回家说去。”他拽着关师长，招呼着战士们往村子里走。

老百姓知道抗联战士来了，都很高兴，纷纷跑到李老汉家。李老汉的房子不大，但是和上下几个院子都是相通的，所以战士们很快就在这几个院子分散开来。几个大小伙子在李老汉院子正中间，支了一口锅，然后在旁边杀猪，整个村子一下子就热闹起来。

几个女战士被大娘大嫂们围了起来，大家既心疼这些女孩子，又羡慕和佩服她们能拿枪能打仗，和男战士们一样勇敢，一样坚强。胡秀芝、王惠民、杨贵珍能说会道，让大家乐得合不拢嘴。

饭做好了，战士们三五成群地坐在一起吃饭。吃得真香啊！战士们已经好久没有吃上这么美味的饭菜了。

夜幕降临，关师长集合队伍准备出发了，这让乡亲们有些意外。

“关师长，今天就住在村里吧，你看大家都累成什么样了，不差这一晚上的路。听我的，睡一宿，明儿一早起来再走。”李大叔说完，乡亲们都表示不愿意让部队走，非要留下大家住一晚不可。

“李大叔，乡亲们，大家的心意我们领了，但是不能在这过夜。我们吃饱了，休息好了，住在这里有可能给乡亲们带来不必要的危险，不知道有多少鬼子正虎视眈眈地盯着这儿呢。为了全村人的安全起见，我们必须离开这里，以后还有机会来这里看望大家，等抗日胜利了，我们再来。”

听了关师长的分析，大家觉得有道理，但是心里舍不得队伍这么快离开，李大叔让老伴儿把剩下来的肉和一些干粮都装好，让战士们带着路上吃。

“关师长，这东西您拿着，你们这些娃在外打仗不容易，俺们心里都明白，如果不是为了大家能过上好日子，你们也不用这么拼命。”

很多乡亲也从家里拿来粮食送给战士们，一碗一袋的粮食都饱含着老百姓的深情。战士们看在眼里，记在心上，在场的很多人都流下眼泪。

这一天，他们又走了 50 多里路，傍晚时分，走到很大一个草塘子，干枯的败草被风吹得沙沙作响。战士们单薄的衣服早已不能遮挡风寒，一个个都双手抱胸，紧紧地不肯放手。上牙和下牙不断地打着架，战士们开玩笑地说，这有点儿像打鬼子时的机关枪。

大家觉得这个地方还算安全，决定就此宿营。寒风刺骨，不能成眠。战士们拣来一些木柴，点起一个个火堆，围坐在四周，回味着在山东屯的事。身子稍微暖和，他们把火堆推开，火堆烤过的地面腾出热气，战士们在上面铺上厚厚的一层败草，躺在上面沉沉地睡去了。

天亮的时候，战士们起身整理行装，准备继续往前行。

这时，关师长叫来几个战士："前面离林口不远，你们去摸摸江西的情况，如果没有鬼子，我们连夜赶往喀斯喀，估计军部在那里。"

"好。"战士们齐声回答。

"一定要注意安全，我们就在这里等你们。"

这里所说的江西，是前面不远处的乌斯浑河附近的地段。如果那里没有敌人驻守，部队就可以沿着江岸快速地走到河对岸去；如果那里有敌人驻守，就要绕道而行，而且只有一条路可走，那就是过河。

两个小时后，出去摸情况的战士们回来报告说，发现有日伪军，而且就在水源附近，估计是预料到我们从此经过，想把我们逼上绝路。

"绝路？那就过河，通知大家准备出发，天黑前赶到乌斯浑河附近，在那里休息一晚，拂晓前过河。"师长作出了最后的决断。

生命的永恒

1938年10月19日傍晚，关书范带着第5军1师仅有的100多人终于赶到了乌斯浑河附近的柞木岗山下。这里距牡丹江入口处只有七八里的路程。关师长决定就地休息一会儿，顺便讨论渡河计划。

有人说："江西的敌人太多，到处都是据点，目前来看，我们只能从这里渡河找军部。"

也有人说："现在的河水冰冷刺骨，而且今年的雨水又特别多，河水很满，道口肯定淹没了，过河的难度较大。"

关师长说："没办法，只能赌一次。金参谋，你会泅水，拂晓的时候，你带着8个女兵先过河，等平安抵达对岸后，大部队随即转移。"

关师长又对冷云说："冷云，为了不暴露目标，拂晓前你们先动身，通知大家做好准备。"

瑟瑟的北风从河面吹来，让人感到刺骨的寒冷。战士们单薄的衣服和破旧的鞋子已经坏得不成样子。大家实在是冻得难忍，就点起了几个火堆来取暖。然而，就是这些取暖的火堆，把整个部队的目标暴露了。

那天晚上，样子沟的大特务葛海禄从那里经过，看到山脚下的火堆，断定下面肯定有抗联队伍扎营。为了弄清情况，他顺着下山的方向走了一段路，摸清了部队的分布，便立即前往驻刁翎的日本守备队据点，向司令官熊谷大佐报告。

这个情报令熊谷大佐十分兴奋，他命令部队立即行动。日军出动1000多人，包括骑兵30多人，伪警察大队及伪军出动1000多人，一齐向柞木岗围了过来。

他们到了山顶，此时天还没有亮，黑暗的山坡看不清任何东西。狡猾的熊谷怕葛海禄提供的情报有误，命令部队潜伏在山林里，等待天亮再行动。

山上是敌人虎视眈眈的等待，山下是战士饥寒交迫的煎熬。

20日拂晓，金世峰参谋带着8位女战士朝河边走去，天黑看不清道路，战士们一个拉着一个，小心地前行。当他们抵达河边的时候，发现河水暴涨，浪花翻滚，寒气逼人，昔日的道口早已没了踪迹。

“糟了，金参谋，师长不知道河水涨成这个样子，咱过不了江怎么办？”冷云担心地看着翻滚的河面。

“洪水把道口封了，想过江就只有游过去。”

“你看能不能找个水浅的地方，大家都不会泅水，水这么深，渡河有危险啊。”

“好，我去打探一下，等我返回后再带你们过河。”

“你要小心啊！”

金参谋脱下鞋，走到河边，试探着向对岸游去。8 位女战士焦急地等待着。突然，柞木岗方向传来激烈的枪声，围山的敌人向抗联部队发起了进攻。关师长他们一边组织火力反击，一边向柞木岗山方向撤退。凭着激烈的枪声，经验丰富的胡班长意识到围攻大部队的敌人肯定不少，她们已被隔在了河岸边，要么按照金参谋过河的路线，迅速涉水过河；要么返回去支援大部队突围。

冷云果断地说道：“咱们不能在这儿等啊，走，打过去掩护大部队突围！”

“走。”胡班长带着姐妹们迅速向柞木岗山下跑了过去。

她们一看，果真如此，大部队正往西边的柞木岗子密林中边打边撤，在他们的尾后是密密麻麻的鬼子。

“姐妹们，用力开火，掩护部队撤离。”

8 位女战士隐藏在柳条林中，开始向敌人猛烈射击。

冲在后面的敌人被背后女战士打倒了十几个。敌人发现身后还有抗联部队的兵力，于是，一部分敌人又转过身来向女兵们还击。

“不行，鬼子太多，我们这么打吸引不了鬼子，分小组行动。”胡班长命令道，“指导员，你和安大姐一组往左边移；贵珍，你带着凤善和桂琴往右边移；惠民、小黄跟我留下。这样会显得兵力多一点儿，才会吸引更多的敌人过来。”

按照胡班长的安排，大家迅速分开藏在林子

中，瞄准向敌人射击。

被吸引过来的敌人将雨点般的子弹打在8位女战士们身边，她们全然不顾，与敌人保持着对峙，有效地牵制了敌人的部分火力，使大部队的压力减轻了许多，关师长他们趁机靠近了密林。这时候，走在最后面负责掩护的第1团团长突然看到一部分敌人往相反的方向跑去，像是意识到了什么。

“女战士还没有过江？”他停下来，朝身后的方向看。

“糟糕，她们是想把敌人吸引过去，掩护我们突围。”这时候，关师长也意识到问题的严重性，“敌人火力这么猛，几个女同志怎么能行？快，都给我杀回去，杀开一条血路，把妇女团的战士们救回来。”

大家听了关师长的话，端起枪又往回冲。

冷云看到本来已经快进入密林的大部队又返了回来，而且被吸引过来的敌人又往大部队的方向追击。冷云跑到胡班长身边说：“看来，师长他们是要返回来救我们啊！”

“我们再加强火力，把敌人吸引过来。”

杨贵珍冲到了最前面，拼命地射击。胡班长和冷云也往前挪了挪，瞄着敌人猛打。

敌人正以凶猛的火力死死地控制着反冲锋的队伍，女战士们透过浓浓的烟雾，看到营救她们的战友一个个倒下，泪水直在眼里打转。

“姐妹们，再这样耗下去，只能全军覆没，我们不能让战友为了救我们都枉死在这里。”

“来，我们一起喊鼓动的口号，让他们回去。”冷云说着就带头喊了一遍，

“同志们！冲出去！保住手中的枪，抗日到底！”

“抗日到底！抗日到底！……”大家用尽全身力量一遍又一遍地喊着。

“敌人火力太猛，这样硬拼是不行，全部向西山撤离。”关师长命令道。

“师长！”1团团长有些不忍心。

“别说了，快撤。”关师长看到8个女战士浴血奋战怎能不心疼。可是，两次反冲锋都未能前进一步，而且造成了更多的伤亡。现在武器和兵力都

处于下风，再硬拼只会导致全军覆没。

此刻，女战士们的呐喊声一阵比一阵高，每一声都打在他和战士们的心坎儿上。

腹背受敌是兵家大忌。敌人背后遭到袭击，也摸不清河边到底有多少抗联部队。河边的火力明显地吸引了敌人的部分兵力，导致包围山边的兵力分散。

日军司令官熊谷眼看着到嘴的肥肉就这么溜走了，恼羞成怒，他拿起望远镜往对面一看，才惊奇地发现，一直在日伪军后面攻打的抗联军队竟只有8个兵，而且好像还都是女兵。

他把手一挥，日伪军立即把所有火力都转向8个女战士。江岸边的女战士，一下子陷入了浓烟滚滚的火网包围之中。她们试图还击，但已经很难看清敌人的方向。

在那片泥泞的山地里，8位女战士被强大的炮火和枪弹包围着，有的刚一起身，就被爆炸的气浪袭倒。一声声撕心裂肺的呼喊穿透了炮弹的轰炸声：

“桂清，桂清……”飞溅的弹片把黄桂清的眼睛炸得鲜血直流，郭桂琴叫喊着飞快地跑过去，迅速撕下自己身上的一块衣片，给桂清蒙好眼睛。

“惠民，惠民！”冷云突然看到旁边的王惠民在浓烟中挣扎，她赶紧跑过去一把将惠民搂在了怀里，头上的血伴着稀泥弄花了惠民的整张脸。

熊谷下令停火，企图活捉 8 个女战士。敌人又蜂拥向她们扑来，越来越近，此时，杨贵珍看到战友们都已受伤，没有谁还能自如地起身抵抗，她猛地端起枪来，把冲在前面的敌人又撂倒了几个，其他敌人不敢再向前半步了。

胡秀芝从泥潭里艰难地爬起来，将最后的几颗子弹射向了敌人，然后拉起杨贵珍向冷云那边靠拢。她们都努力地往一起凑，凑到一起相互搀扶着。

“指导员，我没子弹了。”李凤善打开枪膛，惊慌地说。

“别出声。”冷云制止道。如果敌人知道她们没有子弹，情况就更糟糕。她会意地看看身边的姐妹们，大家都打开自己的枪膛，所有人都摇摇头。安大姐说：“我这儿还有 3 颗手榴弹。”

冷云果断地命令道："向河边撤。"

"走。"战士们把心一横，相互搀扶着往河边走去。

小惠民在这次战斗中表现非常勇敢，此时，她已被炮火轰炸得昏昏沉沉难以站立，胡班长把她背起来时，她小声地问："班长，咱们这是去哪儿啊？"

"咱们……咱们到没有鬼子的地方去。"胡秀芝背着小惠民，拉着其他姐妹的手一点点地走向河边。

敌人举着枪步步紧逼过来。

8位女战士站在了河水边，冷云回过头来看了看身后追过来的敌人，坚定地说道："姐妹们，我们宁死也不做俘虏！"

"对，宁死也不当俘虏！"

"现在，我们只有渡江了，但是大家谁都不要放弃，哪怕只有一线希望也要游到河的对岸去，到对岸去找军部，继续抗日，继续打鬼子！"

冷云转向胡班长："秀芝，你的水性好，如果可以，你一定要活着游到对岸去，将来为死去的姐妹们报仇。”

胡秀芝看着冷云，半天竟说不出一句话来，再看看身边这些曾经一起出生入死的姐妹，她觉得这个班长做得有愧，但已经没有任何退路，只有带着大家冒险过河。

“敌人已经追上来了，姐妹们，下水吧，不然就没有机会逃走了。安大姐，把手榴弹给我。”胡秀芝说完，把惠民交给了冷云，抢过安大姐手中仅有的3颗手榴弹，又催促道:“姐妹们，快下水，我来拦击敌人，一会儿就去追你们。”

河水冰冷刺骨，抗联女战士的意志坚如磐石！

胡秀芝又回到岸边，等敌人快要接近时，猛地把手榴弹连续投向了敌群。

正走向江中的其他战士听到这爆炸声，都停下了脚步。

“胡班长，胡班长……”桂清这么一喊，大家都喊:“胡班长……”

胡秀芝投完手榴弹，迅速向江中走去，走向在江水中等待她的姐妹们。

熊谷看到这一幕更是生气，他再次下令开枪。

敌人不甘心让她们渡江逃去，既然不能活捉，就一定要让她们惨死在江中。于是，全部火力向江中袭来。

子弹和炮火在江心落下，激起数米高的水柱，女战士们在江中摇摇晃晃，紧紧地手挽着手向河心走去……

不知道是谁带头唱起了歌："起来，饥寒交迫的奴隶……"其他战士也都跟着唱了起来："起来，全世界受苦的人！满腔的热血已经沸腾，要为真理而斗争……"8位女战士用歌声激励着自己，那雄壮的歌声响彻天际，回荡在波涛汹涌的乌斯浑河上，祭奠着逝者的灵魂。

05 尾声

8位女英雄牺牲的噩耗传来，第5军西征的抗联战友们无不痛心疾首，难过万分。1938年10月20日，8位女英雄殉难的当天傍晚，从柞木岗山突围得以生还的战友们组成一个小分队，回到早晨的战场寻找战友。几天后，柴世荣军长又命令部队到乌斯浑河河边，沿河岸向下游寻找8位女战士。他们找到了5位烈士的遗体，由于多日河水的浸泡，只认出了王惠民和冷云两位烈士，其余3位烈士已辨认不出是谁了。

1938年11月4日，周保中将军听到8位女战士牺牲的悲壮消息，沉痛地写下了“乌斯浑河畔牡丹江岸将来应有烈女标芳”的日记。

1944年，在枫叶飘红的季节，周保中将军在苏联独立国际第88教导旅任旅长期间，为纪念

"八女投江"并以八女英勇顽强、誓死不屈、悲壮殉国的英雄壮举教育干部战士，编写了以"八女投江"为主要内容的小话剧《血泪仇》，在晚会上演出后，受到全体抗联将士和苏方领导的高度赞扬。

1946 年 8 月 3 日，周保中将军率吉辽军区司令部骑兵警卫排 40 余人，赴"八女投江"处的乌斯浑河畔悼念英烈，缅怀女英雄的功绩。全体人员在河边列队，一齐对天鸣枪 3 响，之后脱帽默哀。周保中在河边拾取 3 片树叶，在上面写上"英雄冷云"后，夹在书中，并轻声说着："冷云，英雄！巾帼英雄！"

1948 年 9 月，抗联第 4 军军长、合江省政府主席李延禄参观东北烈士纪念馆时，挥毫题词："冷云等八同志千古！"并赋诗一首："牡丹江畔英雄女，一片赤心照碧波。辉煌业绩千秋颂，意志忠贞万年歌。"

1948 年 10 月 10 日，哈尔滨东北烈士纪念馆开馆，首次展出了"八女投江"的油画。

1948 年冬，颜一烟以"八女投江"史实梗概为内容，创作了《中华女儿》电影剧本。1949 年拍成电影，于1950年在第五届国际电影节上获“自由斗争奖”。

1960年，八女的战友徐云卿的回忆录《英雄的姐妹》出版发行。周保中为书作序《回忆抗日战争中的东北妇女》。

1961年，周保中的《东北抗日游击战争中的英雄妇女》一文在《中国妇女》杂志第八期上发表，有叙述“八女投江”的专段。

1962年，东北烈士纪念馆专门调研考证“八女投江”史实，撰写了《东北抗日联军“八女投江”事迹新探》，发表在1963年3月26日《黑龙江日报》“学术研究”版上。

1982年，林口县人民在八女殉国处的乌斯浑河东岸的小关门咀子山坡上，建起了“八女投江”烈士纪念碑。碑铭为原黑龙江省省长、抗联老战士陈雷丹书写“八女英魂光照千秋”。

1986年9月7日，黑龙江省牡丹江市举行“八女投江纪念碑”奠基典礼，时任全国政协副主席、全国妇联主席的康克清为工程奠基题词：“八位英灵，永垂不朽！”

1988 年 8 月，由邓颖超题写的“八女投江”石雕群像在牡丹江江滨公园落成。

1995 年春，中共林口县委、县政府对原“八女投江”纪念碑进行了重建，并新建了八女投江纪念馆。

2005 年 9 月 3 日，胡锦涛在纪念中国人民抗日战争暨世界反法西斯战争胜利 60 周年大会的讲话中，赞扬“八女投江”是“中国人民不畏强暴、英勇抗争的杰出代表”之一。

2008 年，为纪念“八女投江”殉国 70 周年，林口县委、县政府重新修缮了“八女投江”遗址纪念地。纪念碑基和山坡挡土墙用黑色大理石镶嵌；纪念地 5000 余平方米的地面用花岗岩石板重新铺装。原“八女投江纪念馆”修缮后改称“八女投江遗址陈列室”，并在纪念地所在的南山山梁上修建了“忆英亭”。

2008 年 10 月 20 日，林口县委、县政府在“八女投江”遗址纪念地举行了隆重的“八女投江”70 周年纪念大会暨殉难地遗址修缮工程竣工揭牌仪式。同一天，在牡丹江市“八女投江”纪念广场，也举行了同样的纪念大会。

2009 年 9 月 14 日，8 位女英雄被评选为“100 位为新中国成立作出突出贡献的英雄模范人物”。

愿英雄的“八女投江”精神，永放光芒！

后记

“八女投江”的英雄故事已在中华大地传颂了80多年，人们无不为她们的英雄壮举悲号落泪。女英烈们自强不息、奋斗不止、英勇顽强、舍生忘死的革命精神激励着一代又一代的中国人民。她们惊天地、泣鬼神的伟大壮举和所经历的长达数年艰苦卓绝的战争生活，无不让人感动和折服。8位女英雄的成长经历虽不尽相同，但她们都是在民族危亡之际，毅然勇敢地走向抗战的第一线，最终殊途同归。她们是众多抗联女战士中的杰出代表。她们的英雄事迹，是东北抗联女战士们斗争生活的一个缩影。由于战争年代的残酷环境，8位女战士留下的资料十分有限，对每个人的成长经历更是无从详细考证。为了人物故事叙述的需要和结构的完整，笔者多次到八女殉难地考察和追思，在参阅大量文献资料、各种追述和考证以及许多专家学者研究成果的基础上，从女性的视角和切身感受，对 8 位女英烈的事迹进行了深入的挖掘和有所侧重的选取，完成了这部《八女投江》的编写。力求用生动感人的八女故事，传递英雄烈士伟大的革命精神。

在编写过程中，得到军事科学院军队政治工作研究院领导和机关的大力支持，赵一平、李博、邓礼峰、张明金、康月田、陈政举、潘宏等专家学者进行了审读，提出了宝贵的意见。

主要参考书目有：中国人民解放军历史资料丛书《东北抗日联军》（历史资料丛书编审委员会 / 白山出版社）、《东北抗日联军史》（东北抗日联军史编写组 / 中共党史出版社）、英雄故事丛书《八女投江的故事》（刘均善、蒋义编著 / 中国社会出版社）、《八女投江》（焦永琦、翟广杰著 / 北方文艺出版社）、100 位为新中国成立作出突出贡献的英雄模范《八女投江》（于春芳编著 / 吉林文史出版社）、抗联回忆录《英雄的姐妹》（徐云卿著 / 吉林人民出版社）、中华魂百部爱国故事丛书《八女投江气贯山河》（赵延民、姜越编著 / 吉林人民出版社）、《八女投江文献辑》（徐文芳编著）。

在此，谨向给予关心和帮助的各位领导、专家学者，以及上述书目作者、编辑致以最诚挚的谢意！

图书在版编目（CIP）数据

八女投江 / 军事科学院解放军党史军史研究中心编著 .--北京：学习出版社，2020.9（2021.5 重印）
（中华先烈人物故事汇）
ISBN 978-7-5147-1008-3

Ⅰ．①八… Ⅱ．①军… Ⅲ．①女烈士－生平事迹－中国－现代 Ⅳ．①K828.5

中国版本图书馆 CIP 数据核字（2020）第 148150 号

八女投江
BANÜ TOUJIANG
军事科学院解放军党史军史研究中心

责任编辑：李　岩　王　洋　　封面绘画：刘书移
技术编辑：贾　茹　　内文插图：韩新维
美术编辑：杨　洪

出版发行：学习出版社
北京市东城区崇外大街11号新成文化大厦B座11层（100062）
010-66063020　010-66061634　010-66061646
网　　址：http://www.xuexiph.cn
经　　销：新华书店
印　　刷：北京市密东印刷有限公司

开　　本：787毫米×1092毫米　1/32
印　　张：4.875
字　　数：69千字
版次印次：2020年9月第1版　2021年5月第2次印刷

书　　号：ISBN 978-7-5147-1008-3
定　　价：19.00元